DOCUMENTS

SUR L'HISTOIRE ÉCONOMIQUE DE LA RÉVOLUTION FRANÇAISE

COMITÉ DE TARN-ET-GARONNE

# CAHIERS DE DOLÉANCES

DE LA

## SÉNÉCHAUSSÉE DE MONTAUBAN

ET DU

## PAYS ET JUGERIE DE RIVIÈRE-VERDUN

POUR LES

## ÉTATS GÉNÉRAUX DE 1789

Publiés par M. Victor **MALRIEU**

Membre de la Société Archeologique de Tarn-et-Garonne

Préface de M. **VIOLETTE**

PROFESSEUR A L'ÉCOLE NORMALE DE MONTAUBAN

MONTAUBAN

IMPRIMERIE COOPÉRATIVE BARRIER ET C<sup>ie</sup>

3, AVENUE GAMBETTA, 3

1925

# COLLECTION

## DE

# DOCUMENTS INÉDITS

SUR L'HISTOIRE ÉCONOMIQUE
DE LA RÉVOLUTION FRANÇAISE

PUBLIÉS PAR LES SOINS

DU MINISTÈRE DE L'INSTRUCTION PUBLIQUE

Par décision notifiée le 12 mai 1924, la Commission chargée
de rechercher et de publier les documents relatifs à la vie économique de la Révolution a ordonné au Comité départemental
de Tarn-et-Garonne de publier les cahiers de doléances de la
sénéchaussée de Montauban et de la jugerie de Rivière-Verdun,
recueillis par M. Victor MALRIEU.

M. FAUCHER, archiviste de Tarn-et-Garonne, a été chargé
par ledit Comité départemental de suivre les travaux prépara-
toires et l'impression de cette publication, en qualité de commissaire responsable.

COLLECTION DE DOCUMENTS INÉDITS
SUR L'HISTOIRE ÉCONOMIQUE DE LA RÉVOLUTION FRANÇAISE
Publiés par le Ministère de l'Instruction Publique.

DÉPARTEMENT DE TARN-ET-GARONNE

# CAHIERS DE DOLÉANCES

DE LA

## SÉNÉCHAUSSÉE DE MONTAUBAN

ET DU

## PAYS ET JUGERIE DE RIVIÈRE-VERDUN

POUR LES

## ÉTATS GÉNÉRAUX DE 1789

**Publiés par M. Victor MALRIEU**

Membre de la Societé Archeologique de Tarn-et-Garonne

**Préface de M. VIOLETTE**

PROFESSEUR A L'ECOLE NORMALE DE MONTAUBAN

MONTAUBAN

IMPRIMERIE COOPÉRATIVE BARRIER ET Cie

3, AVENUE GAMBETTA, 3

—

1925

# AVANT-PROPOS

Le Comité de publication des documents sur l'hitoire économique de la Révolution s'est heurté, lorsqu'il entreprit la publication des cahiers de doléances des paroisses et communautés de Tarn-et-Garonne, rédigés lors de la convocation des Etats généraux de 1789, à certaines difficultés, provenant, pour la plupart, des extraordinaires modifications survenues dans les limites des circonscriptions administratives et judiciaires de la région.

La généralité de Montauban était, à l'origine, une des plus étendues du royaume[1]. Elle comprenait les élections de Montauban, de Cahors, de Figeac, de Villefranche, de Rodez, de Millau, de Rivière-Verdun, de Lomagne, d'Astarac, d'Armagnac et de Comminges; les pays de Foix et de Nébouzan, et les quatre Vallées d'Aure, de Neste, de Barousse et de Magnoac.

En 1716, un édit royal, pour diminuer cette trop grande étendue, créa la généralité d'Auch, avec des territoires démembrés de celles de Bordeaux et de Montauban.

Celle-ci fut alors amputée des cinq élections de Lomagne, de Rivière-Verdun, d'Astarac, d'Armagnac et de Comminges, du Nébouzan et des quatre Vallées, le tout rattaché à Auch, et, en plus, du pays de Foix, uni à la généralité du Roussillon.

La généralité de Montauban ne comprenait donc plus que les six élections de Montauban, Cahors et Figeac, en Quercy; de Rodez, Millau et Villefranche, en Rouergue.

Le département de Tarn-et-Garonne, formé tardivement, en 1808, avec des lambeaux détachés des départements voi-

1. D'après EXPILLY, *Dictionnaire géographique... des Gaules et de la France*.

*sins, n'était pas, malgré sa petite étendue, entièrement com-
pris dans cette généralité.*

*Il fut composé : 1° de la plus grande partie de la séné-
chaussée de Montauban; 2° de la partie méridionale de la
sénéchaussée de Lauzerte, de Moissac à la limite du département; 3° d'une fraction de la généralité d'Auch apparte-
nant aux sénéchaussées de Condom ( enclave de Dunes), de
Lectoure (Lomagne,) avec Auvillar, Lavit, Beaumont; de
L'Isle-Jourdain (deux petites enclaves à Maubec et Gariès);
4° du pays de Rivière-Verdun, sur la rive gauche de la
Garonne, de Saint-Nicolas-de-la-Grave à Beaupuy, avec
chef-lieu d'abord à •Verdun, puis à Grenade, vers 1750[1].
Le pays entre Garonne et Tarn, avec Castelsarrasin et Mon-
tech, dépendait de la sénéchaussée de Toulouse; Saint-
Antonin, Puylagarde, etc., de celle de Villefranche.*

*Ainsi, nous trouvons pour ce département, si peu étendu,
neuf sénéchaussées ou chef-lieux de juridictions compris
dans quatre généralités : Montauban, Bordeaux, Auch et
Toulouse. Faut-il attribuer à cette multiplicité des circonscriptions judiciaires la perte de nombreux cahiers de doléances rédigés dans notre région? En Tarn-et-Garonne,
comme dans bien des départements, la centralisation des
archives judiciaires, où devraient figurer aujourd'hui lesdits
cahiers, s'effectua très irrégulièrement. Aussi la plupart des
cahiers qui nous sont parvenus représentent-ils la minute
restée aux archives communales. Seuls ceux de la sénéchaussée de Lauzerte forment une collection à peu près com-
plète, aujourd'hui conservée au château du Grès, dans les
archives familiales du lieutenant général de 1789[2].*

*Ces derniers cahiers, récemment découverts par M. l'abbé
Taillefer, sont destinés à former une publication d'ensemble.
Restaient donc les cahiers provenant de la sénéchaussée de
Montauban ( dix), du pays de Rivière-Verdun (cinq) et des*

---

1. Cette dernière circonscription, composée de 25 morceaux échelonnés
depuis la Garonne jusqu'au pic de Maupas dans les Pyrénées, et dont les
habitants ne savaient pas au juste s'ils étaient du Languedoc (parce que
ressortissant au parlement de Toulouse), de la Gascogne (comme le laissait
supposer la présence de l'intendant à Auch), ou de la Guyenne puisqu'ils
appartenaient en partie au diocèse civil de Montauban) est un des exemples
les plus remarquables de l'incohérence et du désordre de l'administration
française sous l'ancien régime.

2. Une copie de ces cahiers, due à M. l'abbé Taillefer, est déposée aux
archives de Tarn-et-Garonne.

sénéchaussées d'Agen (Castelsagrat), Lectoure (Auvillar), Toulouse (Bessens) et Villefranche (Saint-Antonin, Saint-Igne). En ce qui touche ces cinq derniers cahiers, ils seront, suivant les instructions reçues, remis aux comités départementaux intéressés. Les 15 cahiers ici publiés représentent ainsi, avec ceux de la sénéchaussée de Lauzerte, tout ce qui nous est parvenu des paroisses de Tarn-et-Garonne ressortissant en 1789 aux circonscriptions judiciaires dont le chef-lieu était situé dans notre département.

*<br>* *

L'acte qui appela les Français à se réunir pour désigner leurs représentants aux Etats généraux et dresser leurs cahiers est le règlement du Conseil royal du 24 janvier 1789 Ce règlement établissait les modalités des opérations destinées à former les députations aux états. Voici les principes généraux qui furent adoptés. Les formes employées pour les états de 1614 seraient reprises ; chaque circonscription électorale élirait 4 députés ou multiple de 4, à cause du doublement du Tiers ; la circonscription choisie était le ressort judiciaire du bailliage ou de la sénéchaussée ayant connaissance des cas royaux.

Mais le gouvernement central et ses représentants dans les provinces étaient dans une telle ignorance des limites des bailliages ou de leur compétence qu'une foule de réclamations, de plaintes, de conflits, furent soulevés, et que, pour résoudre seulement ces questions relatives à la convocation, il fallut plus de deux cents décisions des ministres, quelques-unes contradictoires d'ailleurs.

Pour la région qui nous occupe, les réclamations et les plaintes furent très vives et diversement accueillies.

Le pays de Rivière-Verdun, qui n'était ni bailliage ni sénéchaussée, et dont le juge ne connaissait nullement des cas royaux, eut, grâce aux démarches et au crédit du marquis de Chalret, une députation directe.

Pour Montauban, les choses n'allèrent pas aussi bien. Cette ville, chef-lieu de la généralité, siège épiscopal, pourvue d'un présidial, d'une cour des aides, de trois autres autres cours de justice, fut subordonnée à Cahors, et devint sénéchaussée secondaire de sa rivale, sur le même pied que Lauzerte, Gourdon, Figeac, et même que Martel. Réclamations, protestations, rien n'y fit; tout ce que Montauban put obtenir, c'est que le Garde des sceaux l'invitât à la concorde pour le bien de la chose publique, et, par une seconde lettre du 19 juillet 1789, reconnût le bien-fondé de ces réclamations, en promettant qu'elles auraient satisfaction... pour la prochaine fois.

Les opérations électorales se déroulèrent ensuite sans incidents graves. Quelques-uns furent soulevés par les corporations; par exemple, à Montauban, les officiers de la maréchaussée, comme corps judiciaire, demandèrent à déléguer un représentant; à signaler aussi, dans la même ville, le conflit entre les épiciers (gros et détail).

Le règlement du 24 janvier spécifiait que chaque centre électoral aurait un nombre de députations proportionnel à la fois à la population et au chiffre des impositions. Mais ces deux bases, difficiles d'ailleurs à concilier, étaient également mal connues. Pour la population, on prenait le chiffre des naissances de l'année, multiplié par 26, d'après un calcul de Buffon (quelques-uns multipliaient par 27 pour les villes épiscopales, 26 pour les autres et 25 pour les campagnes). Quant aux impositions, Arthur Young, qui parcourut toute la France dans les années qui précédèrent immédiatement la Révolution, estime qu'on eût obtenu une répartition aussi équitable des contributions en les calculant d'après la position des étoiles.

Il y eut donc bien des inégalités, bien des passe-droits, mais ce qu'il faut avant tout reconnaître, c'est le souci de justice et d'impartialité de l'administration, qui tira ce qu'elle put d'une organisation si défectueuse, et l'abnégation des intéressés, qui se résignèrent très vite et se contentèrent de ce qu'on voulut bien leur donner.

Les habitants des paroisses et communautés se réunirent donc, sur la convocation du juge du lieu, dans une salle, ou à l'église, parfois en plein air, et là, procédèrent, suivant les formes prescrites, à la nomination des délégués qui devaient

*les représenter à la réunion de la sénéchaussée, et à la rédac-
tion de leurs cahiers de doléances.*

*Cela nous amène tout naturellement à considérer ces
cahiers, puisqu'aussi bien ce sont ces documents, sans re-
touches, avec parfois leur style primitif, que nous avons sous
les yeux.*

*<br>* *

*Ce qui frappe d'abord, à la première lecture, c'est l'ex-
pression presque universelle de reconnaissance pour le roi,
qui appelait ainsi la totalité de son peuple à lui exposer ses
souffrances et ses misères ; c'est aussi l'espérance de voir ces
misères, enfin connues, soulagées et guéries. Le vieux sou-
hait qui, dit Michelet, se trouvait, en France, sur les lèvres de
tout opprimé : « Si le Roi savait... », pourrait enfin passer
dans la réalité. Le Roi allait savoir, et tous les abus allaient
disparaître, puisqu'il l'avait promis.*

*Et les doléances suivent. La première, qu'on retrouve
dans tous les cahiers sans exception, c'est que les impôts sont
trop lourds : on succombe sous leur charge. Et il y avait de
quoi. Le chiffre de ces impôts est détaillé dans la brève
notice qui, placée en tête de chaque cahier, permet de s'en
rendre compte.*

*Mais il faut expliquer le sens des mots feux et bélugues.
Le mot feu est pris, suivant les cas, en trois sens différents
Il peut signifier maison ou foyer, et être employé pour un
dénombrement sommaire. Il peut signifier famille, et représenter dans ce cas un groupe de 4, 5, 6 habitants. Dans le
cas présent, c'est une unité de répartition fiscale. La taille de
la généralité de Montauban était, supposons-le, de 6 millions
de livres ; on la répartissait entre 12,000 feux de 500 livres
chacun, et ces feux étaient répartis entre les paroisses. Mais
il y avait des fractions ; on divisait le feu en 100 étincelles ou
bélugues, et celles-ci en quarts. D'où, pour prendre un
exemple, la cote suivante, applicable à Albias : 15 feux
34 bélugues 2/4.*

*Seulement, ce que ces chiffres ne donnent pas, c'est le*

poids qu'ils faisaient retomber sur les épaules de nos ancêtres. Il nous est difficile, aujourd'hui, de nous représenter
ce fardeau. En matière d'impôts indirects, notamment, le
mode de perception par les commis des fermes le rendait
beaucoup plus lourd à cause des mille vexations, exactions,
amendes qu'ils pouvaient se permettre.

Et il faut y ajouter les dîmes ecclésiastiques et les droits
seigneuriaux, les banalités, rentes, censives, etc., et tenir
compte ensuite de la puissance d'achat très grande de l'argent à cette époque. Comparée aux francs-papier actuels, la
livre de 1789 vaudrait au moins dix de ces francs.

Les cahiers de la sénéchaussée de Cahors, publiés en 1908
par M. Fourastié, laissent une impression de douleur et de
pitié pour les malheureux qui les ont rédigés. Les mêmes
plaintes étant générales dans toute la sénéchaussée, il ne
peut y avoir d'exagération voulue; c'est bien là l'expression
de la stricte vérité. Et cette vérité est navrante : ce peuple a
faim, et il est arrivé aux dernières limites de la résistance.

Les cahiers de la sénéchaussée de Montauban et ceux du
pays de Rivière-Verdun laissent une impression moins dou-
loureuse. Est-ce parce que la richesse naturelle du sol est
plus grande ? Le pays, plus ouvert, a-t-il plus de ressources
de commerce ? Ces cahiers font voir que la charge fiscale est
lourde, très lourde, mais que, si les épaules plient sous le
faix, l'homme n'en est pas encore écrasé.

Si le Tiers est surchargé, les deux autres ordres ne paient
que très peu de chose. Quoi de plus naturel que de partager
le fardeau entre tous ! Tous les cahiers le demandent, y
compris ceux de la noblesse et du clergé, ce dernier moins
nettement.

On réclame généralement aussi la réforme de la justice.
L'organisation judiciaire de l'ancien régime était d'une com-
plexité telle qu'elle embarrassait fréquemment les magistrats
eux-mêmes. Mais ce que l'on sentait très clairement, c'est
que la justice coûtait fort cher. Et ce n'est pas étonnant.
Tous les juges, tous leurs suppôts achetaient leurs charges;
ils devaient se payer et vivre sur le dos des justiciables. Ces
juges, d'ailleurs, étaient nombreux. Le présidial de Cahors
comportait 64 juges et employés subalternes, sans compter
les procureurs, ancêtres des avoués actuels, ni les avocats.

Celui de Montauban en avait au moins autant; les autres, à proportion. Dans chaque bourgade, on rencontrait des juges, à titre et compétence variables. Il y avait six cents justices seigneuriales dans le Rouergue, ayant chacune au moins un juge, un sergent, un bayle ou huissier. Tout ce monde vivait du paysan; chacun en vivait assez mal, il est vrai, mais la masse dévorait le peu de substance que les impôts avaient laissée .

Il y avait aussi le contrôle, que tous les cahiers s'accordent à condamner. C'était à peu près l'enregistrement actuel, mais la législation en était assez confuse, si bien que les taxations devenaient, disent les cahiers, obscures et arbitraires. Or, dans ce temps-là, le nombre des illettrés obligeait, pour la moindre chose, à avoir recours au notaire. On rencontre des actes concernant des sommes de six livres et même de trois. De là de trop nombreux contacts avec le fisc.

En quatrième lieu, il faut remarquer le souci que prennent ces pauvres gens d'oublier un instant leurs misères particulières pour rechercher le bien général. Le cahier de la petite communauté de Courondes est très intéressant à cet égard. La paroisse de Courondes, actuellement simple section de la commune de Génébrières, est exclusivement agricole. Or, dans cette communauté, nous trouvons les vœux suivants : abolition de la peine de mort (sauf pour le crime d'assassinat), institution de garanties pour la propriété et la liberté individuelle. Bien mieux, cinq propositions qui sembleraient la toucher de plus près, sur les bois, les écluses du Tarn et la plantation du tabac, ont été biffées. Ce souci des intérêts généraux apparaît également dans le cahier de Montauban, si étendu et si complet, où l'on trouverait tout un plan de réorganisation de la France, avec des vues très larges, comme celle de la liberté illimitée de la presse.

L'esprit particulariste reparaît toutefois dans certains articles, par exemple le retour à la généralité de Montauban des cinq élections détachées en 1716 en faveur de la généralité d'Auch.

D'autre part, la demande de peines contre les célibataires nous semble viser surtout le clergé régulier, par une voie détournée. N'oublions pas qu'il y avait à Montauban de nombreux couvents.

*
* *

*Bien des remarques seraient à faire encore, et l'on pourrait tirer de ces cahiers la matière de bien des réflexions, mais ce serait étendre au-delà de toutes les bornes la longueur de cet avant-propos.*

*Avant de le clore, cependant, c'est un devoir pour nous d'adresser les remerciements du Comité à M. le Ministre de l'Instruction publique, qui a bien voulu subventionner cette publication, et aux municipalités[1] dont les souscriptions généreuses nous ont permis de vaincre les difficultés pécuniaires inhérentes à tout recueil de ce genre. Il y aurait aussi de l'ingratitude à ne pas proclamer la dette de reconnaissance que nous avons contractée envers tous ceux, instituteurs, secrétaires de mairie, qui nous ont aidés dans nos recherches, et surtout à celui qui a assumé la lourde tâche de coordonner ces investigations, d'en synthétiser les résultats, M. Malrieu, dont le dévouement à l'histoire locale n'est jamais en défaut.*

Juillet 1925.

H. VIOLETTE,

Professeur à l'Ecole normale
de Montauban.

---

1. En voici la liste, dressée suivant l'importance des subventions : Montauban, 1,000 francs ; Caussade, 150 francs ; Aucamville, 100 francs ; Réalville, 60 francs ; Septfonds, 50 francs ; Bourret, 40 francs ; Saint-Nicolas-de-la-Grave, 25 francs ; Génébrières, 20 francs.

# I

# Sénéchaussée de Montauban

## ALBIAS

*Arr.* Montauban. — *Cant.* Nègrepelisse.

*El.* Montauban. Une paroisse (Saint-Georges) : 1,727 h. (en 1787).

*Imp. pour 1779* (calculées sur 15 feux 34 bélugues 2/4) : taille. 6,837 l. 18 s. ; charges locales ordinaires, 691 l. 10 s. ; charges locales extraordinaires, 100 l. 2 s. ; trop al'livré, 351 l. 18 s. ; chemins, 600 l. ; vingtième rural, 2,552 l. ; vingtième noble, 342 l. ; capitation roturière, 2,446 l. 15 s. ; don gratuit 300 l. ; milices, 60 l.

*Députés :* Jean Nouals, 1er consul ; Pierre Garrigues, fils aîné, bourgeois ; Pierre Deltemps, laboureur.

Procès-verbal de l'assemblée : 8 mars.

*Cahier des doléances, plaintes et remontrances de la communauté d'Albias, sénéchaussée de Montauban, rédigé dans l'assemblée de ladite communauté du 8 mars 1789, en présence de M. Garrisson, lieutenant du comté de Nègrepelisse, pour être porté, par les députés qui seront nommés par l'assemblée, à celle du tiers état de la sénéchaussée qui doit se tenir le 9 mars courant, à Montauban, pardevant M. le Lieutenant général en la sénéchaussée[1].*

[1°] Le tiers état de cette communauté d'Albias est prêt à faire le sacrifice de sa vie et de ses biens pour le service du

1. Original, 3 feuillets papier, aux archives d'Albias, liasse AA 1, pièce n° 4 (en dépôt aux archives de Tarn-et-Garonne).

roi, la prospérité de son règne et la conservation de sa personne ; mais Sa Majesté est très humblement et très respectueusement suppliée de considérer que les impôts dudit tiers
état ont été portés successivement à un tel point qu'ils ne
peuvent être soumis à une augmentation sans exciter un dé-
couragement général ; que c'est le grand nombre et l'abus des
exemptions dont jouissent les autres deux ordres de l'Etat
qui ont opéré cette surcharge ; qu'en remettant les choses
dans leur ordre naturel par une égalité de contribution pro-
portionnellement aux revenus réels de chaque propriétaire
sans exemptions des biens ni des personnes, les revenus de
l'Etat trouveraient l'accroissement qui leur est nécessaire
dans la circonstance présente ; et le tiers état ne verrait point
augmenter ses impôts, dont il ne supportait le poids que par
ce sentiment, naturel au Français, l'amour et l'attachement
pour la personne de son roi.

[2°] La partialité, l'arbitraire et le défaut de base fixe qui
règnent dans la répartition de la capitation rendent cet impôt
odieux. L'administration de la province a senti cet inconvénient, et a pris, par sa délibération du 4 octobre 1779, de
sages précautions pour y remédier. Elle n'a pu parvenir à un
but si désirable. Les personnes les plus vigilantes et les
mieux intentionnées peuvent porter un jugement faux sur
les facultés industrielles de chaque particulier. Dans les
campagnes, cette opération délicate est confiée à des personnes rustiques et sans connaissance, rarement exemptes
de partialité et de prévention. Cette communauté ressent,
peut-être plus qu'une autre, le poids de cette imposition. Son
sol était habité, lors de la création de cet impôt, par tous ses
propriétaires ; ils y payaient chacun sa cote. De nos jours,
tous les gros tenanciers ont changé leur domicile à Montauban, ou dans les villes voisines. La masse de la capitation
pour la communauté est la même lors du département, et elle
est supportée par des métayers, des brassiers, des gens de
journée, qui, n'ayant aucune propriété, ne restent quelquefois
qu'une année dans la communauté, dont il est, par cette
raison, très difficile de connaître les véritables facultés, et
par un petit nombre de propriétaires.

La communauté fait des vœux pour que le prince trouve
dans sa sagesse un remplacement de cet impôt par une nou-

velle contribution, à laquelle tous ses sujets soient également soumis par une juste proportion de leurs revenus.

[3°] L'administration de bonne justice est une des choses qui contribuent le plus au bonheur des sujets de l'Etat La longueur des formalités, le nombre des degrés de juridiction, l'immensité des frais, font que le pauvre ne peut participer au bienfait du souverain, et que le citoyen d'une fortune honnête est souvent ruiné pour avoir voulu défendre ses droits qui lui étaient contestés. Une réforme dans cette partie de l'administration est donc une nécessité reconnue C'était l'objet des ordonnances¹ du mois de mai 1788, mais elles manquent dans les moyens qu'elles employent. Par exemple, la prévention des juges d'appel sur les juges locaux décidée par les premières diligences du demandeur, affaiblissant la confiance de l'assigné pour un tribunal choisi par son adversaire et le soumettant d'abord à des frais beaucoup plus considérables, présentait, à l'homme riche et accrédité, un moyen de plus pour faire triompher l'injustice et opprimer son voisin indigent. Une forme judiciaire qui terminerait les contestations de légère conséquence ou qui requièrent célérité sur les lieux qui les voient naître, et celles d'une importance médiocre, dans la ville où est établi le siège royal, opérerait cette réforme salutaire. Une extension proportionnelle aux pouvoirs des juges des lieux et des présidiaux, en laissant subsister dans son entier le droit de la propriété, produirait ce merveilleux effet qui fait l'objet des vœux de tout citoyen ami du bon ordre, de la félicité générale du royaume et de chacun des sujets du roi.

Tels sont les doléances et les vœux de la communauté d'Albias arrêtés le 8 mars 1789, à l'assemblée tenue à cet effet à l'hôtel de ville.

> [Signé :] Jean NOUALS, *consul;* SALESSE, LACAN; CONTRISTI; CRUZEL; DELFAU; DELBREL; G. LOMBRAIL; RESSIGUIÉ; BELUC; GARRIGUES; DELTEMEPS *(sic);* GARRIGUES, Jean ESCALÉ; LAFAGE.

Ne varietur : GARRISSON, *lieutenant.*

---

1  Il est fait allusion ici à l'ordonnance sur l'administration de la justice, mai 1788. (ISAMBERT *Recueil des anciennes lois françaises* t. XXVIII, p. 534-50.)

[A ce document sont annexées, à *l'usage du tiers état,* deux formules imprimées, avec des espaces blancs réservés. L'une est un modèle de rédaction pour les délibérations des corporations, corps et communautés *d'une même localité* à l'effet d'envoyer leurs délégués à *l'assemblée locale,* qui devait arrêter le Cahier des doléances et nommer les députés à l'assemblée préliminaire de la sénéchaussée. L'autre devait servir à la rédaction de la délibération de cette assemblée locale. — Le secrétaire d'Albias n'a pas utilisé ces formules, mais il en a reproduit les termes presque mot à mot dans le procès-verbal entièrement manuscrit de l'élection des députés. Ces formules furent envoyées aux paroisses par la sénéchaussée. Dans le texte imprimé il est indiqué que l'assemblée préliminaire de la sénéchaussée se tiendra à Montauban ; un espace blanc est réservé pour la date de cette assemblée, qui n'était pas connue au moment de l'impression.]

# CAUSSADE

*Arr. Montauban.* — Caussade est chef-lieu de canton.

*El.* Montauban. — Sept paroisses : N.-D. de Fraisse, 2,783 h. ; Saint-Sernin de Montevols, 246 h. ; Saint-Pierre de Milhac, 246 h. ; Saint-Cirice du Colombier, 287 h. ; Saint-Martin de Sesquières, 200 h. ; Saint-Pierre de l'Herm, dite la Bénèche, 364 h. Total : 4,126 h. (Chiffres de 1787 [sauf pour Saint-Pierre-de-Milhac, chiffre de 1786]).

*Imp. pour 1779* (calculées sur 55 feux 94 bélugues 3/4) : taille, 24,954 l. 14 s. ; charges locales ordinaires, 1,000 l. ; trop allivré, 918 l. 7 s. ; chemins 2,187 l. 12 s. ; vingtième rural 11,188 l. ; vingtième noble, 954 l. ; capitation roturière, 10,909 l. 10 s. ; don gratuit, 3,306 l. ; milices, 219 l. 35 s.

*Députés :* Liausu, juge ; Théron, lieutenant ; Pécholier[1], procureur du roi ; Delpech-Saintou, avocat en Parlement ; Pujos, procureur ; Lacoste-Monlausun, premier consul.

Procès-verbal de l'assemblée : 4 mars.

---

1. Pécholier, avec son titre de procureur du roi, figure sur le tableau des membres fondateurs de la loge maçonnique de Caussade (18 mai 1788), avec l'indication qu'il y exerçait les fonctions de premier surveillant. Ce document nous apprend aussi que Delpech Saintou, avocat au Parlement, était « ex-vénérable ». (Communiqué par M. Niox, qui détient une partie des archives de la loge de Caussade.)

*Plaintes et doléances de la ville et communauté de Caussade rédigées dans son assemblée générale présidée par M. Jean-Joseph Lacoste Monlausens, premier consul, M. Géraud Moret Dejagot, consul en premier, MM. Souliagou et M. Vilhies, consuls modernes*[1].

Les habitants de la ville et communauté de Caussade ont l'honneur d'exposer que si les plaintes et doléances particulières à leur ville pouvaient être entendues de Sa Majesté, ils oseraient lui dire avec le respect le plus profond :

Sire,

[1°] Nous nous glorifions d'être une baronnie domaniale de Votre Majesté; elle a été engagée pour un prix modique Les engagistes successifs, craignant d'être évincés, l'ont laissé morceler par un nombre infini de seigneurs directs. Ils l'ont morcelée eux-mêmes, et les engagistes actuels ont tenté de l'envahir. La Communauté seule s'y est opposée avec succès; elle a obtenu des arrêts contre eux au profit de Votre Majesté. Voilà le premier titre de sa fidélité.

[2°] Mais elle n'a pu encore, même au Conseil, faire rentrer dans la justice de votre baronnie et dans son taillable la paroisse de Monteils, distante de cinq cents pas de notre ville, démembrée par la faveur, contre toute justice, en 1730. Cette paroisse profite de nos commodités et de nos dépenses locales sans y contribuer en rien, pas même au logement de vos troupes.

[3°] Si, par la situation des finances, les Etats généraux ne peuvent faire rentrer, par remboursement, Votre Majesté dans son domaine, puissent-ils, du moins, décider que les titres de toutes les directes enclavées dans le domaine de votre Majesté, seront vérifiés, que les domaines seront affermés à son profit, et que les engagistes ne percevront, à l'avenir, que le revenu des sommes qu'ils auront dûment payées. Les revenus de Votre Majesté doubleront bientôt

1. Arch. comm. de Caussade. Registre des délib. de 1788 à 1791, fol. 15-18.

dans cette partie, et ses vassaux de Caussade, et par suite
ceux de tous ses domaines, ne seront plus pressurés par les
frais et altérations des censives multipliées des seigneurs
directs, qui, presque tous, ont envahi vos fiefs.

[4°] Que toutes les censives soient rachetables à un prix
fixé par les Etats généraux; et, peu à peu, la terre, devenue
libre, s'enorgueillira de ne payer d'autres tributs que ceux
qu'elle doit à la religion et à l'Etat.

[5°] Les lods, les acaptes, les censives, les banalités, les
corvées, restes barbares de la féodalité, voilà les premières
entraves de la joie et de la prospérité de l'agriculture Encore
même la plupart de ces droits, payés souvent par des pères
négligents ou qui laissent leurs enfants en bas âge, sont-ils
redemandés par les agents des seigneurs depuis trente ans;
et les quittances égarées ou soustraites aux illettrés censitaires
les réduisent-ils à la vente de leurs héritages, leurs dernières
quittances étant toujours *sans préjudice*.

[6°] Que la demande de toutes les censives prescrive,
passé le terme de cinq ans, et un nombre infini de vos sujets
sera tranquille à l'abri d'une aussi juste loi.

[7°] Nous payons, sous différentes dénominations in-
ventées par le besoin, soixante mille livres d'impôts supportés par le tiers état, à une somme de quinze cents livres
près que les privilégiés supportent sur les vingtièmes. Cette
masse d'impôts, surtout la capitation (énorme dans cette
commune), et les octrois (arbitrairement répartis sur les ca-
barets), et la capitation roturière, pèse d'une manière injuste
et désastreuse sur la classe la plus pauvre de vos sujets de
notre ville et communauté, sur le tiers état, qui ne sait que
payer et se taire en périssant; mais il peut enfin invoquer
utilement aujourd'hui la puissance et la justice de Votre
Majesté.

[8°] Que les privilèges des deux premiers ordres cessent;
que leurs biens, leurs revenus supportent une cote égale d'impôts dans notre communauté; et alors, par plus de facilité,
nous payerons avec joie la même somme autant de temps
que les besoins de l'Etat l'exigeront.

[9°] Nos dîmes, dont nous voyons détourner par tant de
canaux honteux l'institution et la fin, au lieu de servir à
l'honnête aisance de nos premiers et nécessaires pasteurs,

à la décoration des temples, à l'entretien des presbytères.
enfin au soulagement des pauvres, vont se perdre à moitié
dans les grandes villes, qu'habitent des prieurs inutiles à
l'Eglise et à la religion; et l'entretien des églises et presbytères est renvoyée sur le tiers état; le pauvre reste dans
l'abandon et les larmes. Voilà la source de la mendicité.
Votre Majesté peut aisément la tarir, et plus encore, cette
mendicité religieuse, à laquelle se vouent des personnes de
l'un et de l'autre sexe, à la honte de la religion, et souvent
des mœurs publiques.

[10°] La moitié de la dîme de notre seule paroisse, du produit de 6,800 l., passe au collège de Pellegri, mense Saint-
Martial à Toulouse. Notre ville, qui avait autrefois trois
places pour ses jeunes étudiants dans ce collège, en est
privée depuis trente-cinq ans contre l'intention expresse du
fondateur. La communauté a, depuis quinze ans, une instance formée au Conseil où la justice de sa demande est dé-
montrée, mais elle ne l'obtient pas : la moitié de sa dîme est
en pure perte pour elle; aussi la terre refuse-t-elle très souvent
ses fruits.

[11°] La plaine de notre communauté, qui annonce le pays
le plus fertile, est annuellement ravagée par trois ruisseaux
qui, dans des canaux infiniment trop étroits, sont obstrués
encore par plusieurs moulins, dont le produit est de beaucoup
inférieur aux pertes qu'ils occasionnent. Cette terre trompe
huit fois sur dix l'espérance des cultivateurs, et les ruine par
les impôts et les censives qu'elle supporte. Un arrêt du Conseil est vraiment sollicité par cette communauté pour faire
remettre ce *(sic)* ruisseau dans la largeur requise et faire
enlever, sous indemnité, les moulins plus préjudiciables
qu'utiles.

[12°] L'hôpital de notre ville a été réuni, avec son revenu
d'environ 600 livres, à celui de Montauban, en 1725. Nous
avons eu la douleur d'en voir la maison, indispensable pour
casernes lors du passage fréquent des troupes, vendue par
ledit hôpital de Montauban. Nous avons été obligés de racheter notre propre maison bâtie et entretenue à nos dépens.
Notre ville a le plus grand intérêt au rétablissement de cet
hôpital et au retour de ses revenus, qui augmenteraient bientôt par la bienfaisance de ses habitants. Ils voyent avec

douleur les pauvres de leur ville refusés le plus souvent à celui de Montauban, où, plus souvent encore, ils ne peuvent être transportés. On a vu des soldats malades, venant de Cahors, mourir dans leur trajet à Montauban, faute d'hôpital dans notre ville, ce qui augmente les frais des convois militaires.

[13°] Notre bonheur particulier, lié au bien général du Quercy, nous fait oser réclamer de nouveau le rétablissement des états particuliers de cette province, distincts et séparés de ceux du Rouergue; que ces états soient composés des députés librement élus par les différentes villes et communautés de la province, en nombre égal pour le tiers état à celui des deux premiers ordres réunis, qui nommeront aussi librement les leurs; et que chaque ville élise le nombre de députés relatifs à sa contribution aux impositions de la province.

[14°] Que Votre Majesté, daignant jeter un regard sur l'ordonnance de 1629, à l'article 383[1], rende à sa province de Quercy l'immunité du franc alleu, dont jouit encore le Languedoc, qui a su soutenir et exposer ses privilèges. Cette province est régie par le droit écrit, comme nous; nous sommes dans le ressort du Parlement de Toulouse, comme le Languedoc; et nous avions autrefois, l'immunité de ce droit, comme lui. Daignez, Sire, la rendre à cette province.

[15°] Que la justice soit rapprochée du justiciable; que chaque province renferme dans son sein un tribunal qui juge souverainement les procès de ses habitants, à l'exception de ces grandes causes qui méritent toutes les lumières de la protection des grands magistrats que votre puissance a revêtus de son autorité; que chaque premier juge, assisté de quatre officiers, avec un district assez étendu pour les occuper dignement, puisse connaître et juger définitivement jusqu'à la somme de 500 l.; que les petites justices des seigneurs, réunies à ces districts, ne montrent plus à votre peuple des crimes impunis, des longueurs préjudiciables dans les pro

---

1. Voici le texte de cet article : « Tous héritages relevant de nous, en pays coutumiers ou de droit écrit, sont tenus et sujets aux droits de lods, ventes, quints et autres droits ordinaires, selon la condition des héritages et coutumes des lieux ; et sont tous héritages ne relevans d'autres seigneurs censés relever de nous, sinon, pour tout ce que dessus, que les possesseurs des héritages fassent apparoir de bons titres qui les en déchargent. »

cès, l'inexpérience des praticiens de campagne, et qui plus
est, l'arbitraire volonté des seigneurs réglant souvent les sen-
tences de leurs juges, ou les avilissant s'ils ont le courage de
leur résister.

[16°] Que les officiers municipaux obtiennent de Votre
Majesté le pouvoir de connaître et juger définitivement, en
police, les affaires personnelles jusqu'à la somme de 50 l., et
cela sommairement. Alors reparaîtra cette bonne et prompte
justice que Joinville nous peint dans Louis IX et dont la
Bourse des marchands est une image dans le royaume, mais
pour eux seuls.

[17°] Que les droits du contrôle, d'ailleurs si bien établi,
soient moins forts, et leur application et interprétation
moins arbitraires ; que les notaires dans tous les lieux, dépositaires de la tranquillité des familles, et souvent auteurs de
leurs désastres, soient tenus, ainsi que les défenseurs des
causes devant les premiers juges, à un cour d'études régulier et à des examens rigoureux, strictement comme l'exi-
gent les ordonnances, dont on s'éloigne tous les jours.

[18°] Sire, voilà nos plaintes respectueuses et nos moyens
de bonheur ; daignez les accueillir avec bonté.

N'ignorant pas que les besoins de l'Etat sont le plus grand
besoin du peuple français qui doit soutenir la gloire de son
monarque chéri à tant de titres, la considération extérieure
du royaume et établir la prospérité sur des fondements iné-
branlables, nous croyons nécessaire que les députés qui
seront élus à la sénéchaussée principale pour les Etats généraux reçoivent dans leurs instructions, celle de délibérer
par tête et non par ordre, et les trois ordres réunis, et qu'ils
soient revêtus des pouvoirs suffisants pour proposer, remon-
trer, aviser et consentir tout ce qui peut concerner les besoins
de l'Etat, la réforme des abus, l'établissement d'un ordre
fixe et durable dans toutes les parties de son administration,
la prospérité générale du royaume et le bien de tous et de
chacun de vos sujets, comme le désire Votre Majesté. Nous
donnons à cet effet, avec joie, tout pouvoir nécessaire à nos
députés.

Un ministre philosophe, ami de l'ordre, capable de le
ramener, l'ami des hommes de tous les états, doit nous ras
surer autant que la bonté naturelle du monarque sur l'étendue

des pouvoirs que donneront les peuples à leurs députés, et nous tranquilliser sur leur résultat.

Fait en l'assemblée du corps municipal convoquée en la forme prescrite par le règlement de Sa Majesté du 24 janvier dernier et de l'ordonnance de M. le lieutenant général en la sénéchaussée de Montauban du 26 février suivant, en l'hôtel de ville, à Caussade, ce 4ᵉ mars 1789, et ont signé :

> [Signé :] MORET, *consul et président*; LACOSTE-MONLAUSUN, *premier consul*; SALLIAGOU, *consul*; VILIHER, *consul*; LIAUSU, *juge*; THÉRON, *lieutenant*; PÉCHOLIER, *procureur du roi*; DELPECH-SAINTOU, *le fils*; FOURNIER; DELPECH-LAÇOMBE; LHOSPITAL, *jeune*; BOUDET-LABONBARDIÈRE; DELMAS; AUREL; RAOUIN; BESSE; THÉRON; BRENGUIER; PUJOS; BOVAR; PÉCHOLIER; TEULIÈRE; ECHE; Jean DELPECH; J. GUIBERT; PAULIET; GRIEUMARD; DELINÉ; P. LACOSTE·CANIAC; AUREL; AUREL; MASSIEGE; FAYNES; Jean MASELIÉ; SOLOMIAC; LONJOU; LINAS; R. PRÉVOT; MALIET, *secrétaire d'office*.

## COURONDES

*Arr.* Montauban. — *Cant.* Monclar-de-Quercy. — *Comm.* Génébrières.

*El.* Montauban· Une paroisse (Saint-Barthélemy) : 439 h. (en 1786), y compris l'annexe de Saint-Antoine de Castanède qui appartenait à la communauté de Négrepelisse.

*Imp pour 1779 :* (calculées sur 3 feux 80 bélugues 3/4) : taille, 1,697 l. 3 s. ; charges locales ordinaires, 211 l. 5 s. 9 d. ; trop allivré, 62 l. 9 s. ; chemins, 87 l. 17 s. ; vingtième rural, 665 l. ; vingtième noble, 30 l. ; capitation roturière, 198 l. ; milices 14 l. 18 s.

*Députés·* Guillaume-Jean-Baptiste Fabre, procureur de la Cour des aides de Montauban ; François Marty, laboureur·

Procès-verbal de l'assemblée : 8 mars.

*Cahier des plaintes, doléances et très humbles supplications à présenter au roi lors des Etats généraux par les députés de la communauté de... (en blanc)*[1].

[1°] Le roi sera très humblement et très respectueusement supplié de diminuer et d'alléger les impositions par une réparation plus étendue et plus générale en faisant également contribuer tous ses sujets, les ecclésiastiques, nobles et privilégiés sans aucune espèce de distinction; supprimant et éteignant, à cet effet, toute sorte d'immunités et privilèges pécuniaires, soit réels, soit personnels[2].

[2°] Ordonner que tous les sujets de Sa Majesté, soit nobles, soit roturiers, seront admis, indistinctement et selon leur mérite personnel, dans les différentes places du clergé, du service militaire, soit sur mer, soit sur terre, et dans la magistrature[3].

[3°] L'intérêt réel et pécuniaire de tous les sujets du roi étant rendu égal et le même, Sa Majesté sera aussi très humblement et très respectueusement suppliée de vouloir bien, par un effet de sa justice, de sa bonté et de sa bienfaisance, assurer leur liberté individuelle qui forme le caractère national, ensemble la propriété de leurs biens, en les maintenant sous la sauvegarde des lois, dont les cours souveraines continueront d'être dépositaires.

[4°] Maintenir la Nation au droit d'accorder les subsides et de les imposer[4].

[5°] Ordonner que tous les biens et les censives, rentes

---

1. Cahier de quatre feuillets in-8°, portant de nombreuses surcharges et ratures, ce qui semblerait indiquer qu'il y eut discussion lors de sa rédaction. Peut-être aussi s'agit-il d'un brouillon soumis à l'assemblée paroissiale. Au dos du dernier feuillet, on lit la mention suivante : « Cahier des plaintes et doléances à présenter aux Etats généraux qui doivent s'assembler le 27 avril 1789. Pour les consuls et communauté de Courondes. » (Arch. de Tarn-et-Garonne, F communes 1. Don de M. Leygues, substitut du procureur de la République à Cahors.)

2. Ce texte a remplacé le suivant, qui est biffé : « Les impositions ont tellement augmenté depuis les derniers Etats généraux, qu'elles sont devenues accablantes. Les peuples ne peuvent en supporter le poids. »

3. Entre les § 1 et 2, la proposition suivante a été biffée : « Supprimant le droit de franc-fief. »

4. Entre les § 4 et 5, la phrase suivante a été biffée : « Supprimer l'imposition qualifiée industrielle et cabalistique comme étant arbitraire et pouvant être comprise dans la capitation. »

foncières, champarts, et autres redevances foncières et objets réels, soit féodaux et nobles, soit roturiers, même les dîmes inféodées, seront imposés annuellement à la taille royale et aux charges locales et municipales des communautés, à l'exception seulement du sol des églises paroissiales ou autres, du couvent et église des religieux mendiants; auquel effet le tout sera abonné et allivré dans les cadastres des communautés.

[6°] Supprimer les vingtièmes, droits réservés et autres, et réduire les impositions à une taille réelle, répartie sur les cadastres, et à une capitation, à l'effet de cotiser les facultés mobilières et personnelles, à laquelle capitation toutes sortes de personnes ecclésiastiques, nobles et autres, à l'exception seulement des religieux mendiants. seront cotisés.

[7°] Et dans le cas qu'il serait jamais plus question d'impôt territorial, ordonner, dans le pays où la taille est réelle, que les cadastres seront conservés, afin que chacun puisse percevoir, à son gré, les fruits de ces biens en faisant la répartition sur les susdits cadastres, moyennant un abonnement qui sera demandé, sauf aux autres provinces à faire faire aussi des cadastres[1].

[8°] Ordonner que les barrières et bureaux des fermes seront reculés et portés aux frontières du royaume pour y percevoir les droits de sortie sur les denrées et marchandises, sauf à lever et percevoir dans les fabriques les droits sur les marchandises, ou à régler avec le commerce la meilleure forme de la perception, sans gêne et sans entrave, en indemnité des droits sur les douanes intérieures[2].

[9°] Ordonner que les vins, eaux-de-vie, bois et autres denrées pourront être vendus et circuler librement dans le royaume sans payer aucun droit, le fonds dont elles proviennent l'ayant acquitté.

[10°] Ordonner que la construction, réparation, entretien des presbytères seront à la charge des décimateurs, comme le chœur et le sanctuaire des églises paroissiales[3].

1. Cette doléance a été ajoutée en marge.

2. A partir du mot *sauf*, le texte de ce paragraphe a été ajouté en interligne.

3. Entre les § 9 et 10, le paragraphe suivant a été biffé : « Ordonner que

[11°] Ordonner que les réparations, entretien, frais de casernes et logement des troupes seront payés par la province, et que les réparations et entretien des maisons de justice, prisons et autres objets publics seront supportés par les communautés du ressort de chaque tribunal.

[12°] Supprimer l'administration de la Haute-Guyenne, la province n'ayant pas nommé les membres qui la composent.

[13°] Etablir pour la province du Quercy les états provinciaux sur le modèle des Etats généraux, et ordonner que les comptes de la province et ceux des communautés seront rendus pardevant les magistrats dépositaires des lois et chargés de leur exécution.

[14°] Réintégrer les villes dans le droit de choisir et nommer librement leurs officiers municipaux et les membres de leurs conseils politiques.

[15°] Ordonner que [pour] toute matière criminelle et civile, soit ordinaire, soit pour impôt et autres objets, les sujets de Sa Majesté, dont l'honneur et la vie sont inappréciables, ne pourront être jugés, en dernier ressort, que par les cours souveraines, chacune comme les concerne ; abolissant toutes commissions particulières et les attributions aux sieurs commissaires despartis ou leurs subdélégués ; lesquelles attributions sont onéreuses au peuple, soit par l'exécution provisoire des jugements, soit par l'appel au Conseil qui éloigne les justiciables du tribunal.

[16°] Ordonner qu'en toute matière il n'y aura que deux degrés de juridiction[1].

[17°] Ordonner que les formes de la procédure seront simplifiées, de manière que la justice soit rendue plus promptement et à moindres frais.

[18°] Ordonner que l'ordonnance criminelle sera réformée

---

les droits imposés ou à imposer sur les marchandises devant porter sur les consommateurs et qui se trouvent proportionnés à la consommation, souvent libre, volontaire et de luxe, seront levés et perçus dans les fabriques des marchandises. » — Cette « doléance » paraît une anticipation de l'impôt actuel sur le chiffre d'affaires, mais d'un impôt qui serait perçu à la production. — Cf. le § 8.

1. La suite de ce paragraphe a été biffée. En voici le texte : « ... et que les ressorts des cours souveraines seront réglés dans les provinces de manière que les justiciables ne se trouvent pas à une trop grande distance des tribunaux. »

de sorte que les accusés puissent user des voies et moyens de défense naturels[1].

[19°] Supprimer tous privilèges exclusifs, même les maîtrises, et tout ce qui peut gêner la liberté du commerce, des arts et de l'industrie[2].

[20°] Abolir entièrement les milices, y substituer des volontaires, et, dans le cas qu'il ne se trouve pas de tempérament pour les supprimer[3], en exempter, sauf en cas de besoin urgent, les laboureurs et autres cultivateurs des biens de la campagne, et y assujettir tous les domestiques des curés et autres ecclésiastiques et des nobles et privilégiés qui ne seront pas constamment occupés de la culture des terres[4].

[21°] Pour l'avancement de la liberté et le bonheur de la Nation[5], supprimer la banalité des forges, moulins et autres. même les corvées dues aux seigneurs, et réduire le tout en argent. Réduire aussi en argent, ou du moins permettre moyennant argent, le rachat des rentes imposées sur le fonds[6], et ce de gré à gré, ou suivant la valeur des grains prise sur les fourleaux des quatre saisons de l'année, même à chaque particulier le droit de chasse sur son fonds.

[22°] Ordonner que les maisons de force seront surveillées par des Comités de personnes charitables, attendu

---

1. En marge, la phrase suivante, qui doit se placer en tête de ce paragraphe : « Abolir la peine de mort, sauf pour le cas d'assassinat, et... »

2. Entre les § 18 et 19 les trois doléances suivantes ont été biffées :
« Ordonner que les bois des particuliers seront soustraits de toute juridiction des Grands Maîtres des eaux et forêts et remis sous celle des juges ordinaires des lieux.
— Ordonner que, pour l'avantage du commerce, la navigation sera rendue facile, et qu'à cet effet il sera pratiqué des écluses sur la rivière du Tarn et autres qui en auront besoin.
— Ordonner que l'arrondissement des diocèses sera réformé, de manière que la ville épiscopale se trouve vers le centre. »

3. La première partie de ce paragraphe, jusqu'au mot *supprimer*, est une addition marginale.

4. Entre les § 19 et 20 la proposition suivante a été biffée : «Supprimer définitivement les corvées. » Puis, entre les § 20 et 21, les trois vœux suivants ont été biffés :
« Permettre la plantation et culture du tabac. — Rendre le prix du sel égal et uniforme, et la consommation d'icelui libre, en remboursant les provinces rédimées. — Permettre aux particuliers de racheter du seigneur, au prix convenu, ou à dire d'experts, le droit de chasse dans leur propre fonds. » - Ce dernier vœu a été repris dans le § 21.

5. Le début de ce paragraphe, jusqu'au mot *Nation* a été ajouté en interligne.

6. Variante biffée : « Inviter les seigneurs à convertir en argent et au rachat des rentes. »

qu'elles sont plutôt le tombeau de l'humanité qu'un remède contre la mendicité.

[Ce brouillon ne porte aucune signature.]


# LAMOTHE-CAPDEVILLE


*Arr.* Montauban. — *Cant.* Montauban.

*El.* Montauban. Deux paroisses : N.-D. d'Ardus, 1,116 h. ; Saint-Sernin-de-Cos, 513 h. Total : 1,629 h. (en 1787).

*Imp. pour 1779* (calculées sur 10 feux 79 belugues 2/4) : taille, 4,814 l. 10 s. ; charges locales ordinaires, 311 l. 16 s. 2d. ; trop allivré, 177 l. 4 s. ; chemins, 249 l. 2 s. ; vingtième rural, 1,957 l. 14 s. ; vingtième noble, 562 l. 10 s. ; capitation roturière, 1,870 l. 5 s. ; milices, 42 l. 8 s.

*Députés :* Delcassé, juge ; Bénaïs fils ; Pierre Marre.

Procès-verbal de l'assemblée : 8 mars.

[Le procès-verbal de l'assemblée des « habitants de la paroisse d'Ardus et de Cos, composant la communauté d'Ardus » daté du 8 mars 1789[1], indique qu'un « cahier des doléances » fut rédigé à cette assemblée et remis aux députés, et qu'en outre il fut décidé que la transcription en serait faite « à la suite de la présente délibération ».

Cette transcription n'a pas été effectuée. A défaut de ce texte nous croyons devoir publier un extrait de la délibération du 4 janvier 1789[2], qui contient quelques doléances de la communauté. Formulées avant la convocation officielle des Ftats généraux, elles sont, à notre avis, un précieux témoignage de la fermentation des esprits durant l'hiver de 1788-1789.]


L'an 1789 et le 4ᵉ jour du mois de janvier, au lieu d'Ardus, dans la chambre du secrétariat, communauté de Lamothe et Capdeville, à l'issue de la première messe dudit Ardus, se sont assemblés en corps de communauté pardevant Mᵉ Vital Bénaïs, procureur postulant au siège d'Ardus, les sieurs

[suit une liste d'une trentaine d'habitants].

. . . . . . . . . . . . . . . . . . . . . . . . . . . . . . . . . . . . . . . . . . . . . . . .

1. Arch. comm. de Lamothe-Capdeville. Registre des délibérations (D 1, fol. 85-86).
2. *Ibid.,* fol. 82-84.

Par un des messieurs de l'assemblée a été dit que nous devons rendre mille actions de grâces à notre roi sur ce qu'il veut bien assembler les Etats généraux, régénérer la nation et faire rendre au tiers état la justice que sa cause demande.

[A] Que les impôts étendus à cause de la protection que le roi et l'Etat donnent aux terres, elles doivent être imposées en raison de leur produit; toutes exemptions doivent cesser.

[B] Que l'Etat doit savoir combien donne la superficie du royaume, établir l'impôt sans s'enquérir qui possède, parce que les communautés en établissant le récolement, en indiquent le débiteur.

[C] Qu'il est moins que les rentes, les dîmes des propriétés immenses possédées par ceux de la classe la plus riche soient exemptes des contributions réelles, tandis que les fonds qui acquittent ces prétentions annuelles sont assujettis à l'impôt. N'est-il pas absurde de faire produire à des fonds de terre, qualifiés roturiers, des fruits qui passent dans une autre main que celle du colon, deviennent nobles ? d'où suit que le fonds roturier paye seul l'impôt, et l'acquitte encore pour la protection des cens, rentes, biens, dîmes et biens nobles, ce qui est une surcharge qui écrase la classe la plus nombreuse, la moins riche.

[D] Qu'enfin il est naturel que le noble, ne faisant plus le service militaire, étant stipendié en raison de ces services pour la protection commune, paye les impôts en raison de sa propriété que l'Etat lui garantit, lui assure.

[E] A été encore observé que [de] l'existence des états réunis du Rouergue et du Quercy n'en est pas résulté le bien qu'en espérait Sa Majesté. La communauté a été surchargée par des contributions étrangères à sa province; qu'un régime qui lui paraissait lui être avantageux est devenu et devient journellement plus à charge par des dépenses inutiles ou infructueuses; que la communauté était beaucoup plus allégée sous l'autorité des commissaires despartis que par les Etats qui ne sont pas nommés par les communautés; que des emprunts qu'a fait la province ruinent la propriété, de manière qu'au lieu d'être allégée sa situation devient de plus en plus critique.

Sur quoi la communauté, ouïs ses syndics, a délibéré unanimement :

[1°] Que reçoit avec la plus vive sensibilité l'agrément que Sa Majesté veut faire à son peuple de lui accorder l'assemblée des Etats généraux.

[2°] Que Sa Majesté est suppliée de vouloir les convoquer en nombre égal des personnes relativement à l'intérêt de chaque individu, propriété qui est (selon que l'estime la communauté, sur la nomination d'un membre du clergé, autre de la noblesse) de nommer trois particuliers du tiers état.

[3°] Que Sa Majesté sera suppliée de borner les privilèges du clergé, de la noblesse, aux personnes, et ne pas les étendre aux terres, *qu'ils lui doivent la même protection* sans être susceptible d'aucune faveur, d'aucune distinction[1].

[4°] Que la communauté concourra en raison de son allivrement à la nomination des députés pour assister aux Etats généraux.

[5°] Que Sa Majesté sera vivement suppliée de vouloir remettre sur pied les états du Quercy en laissant à cette province le soin de se nommer ses administrateurs; subsidiairement, toujours pour un mieux, la remettre sous la direction du commissaire desparti. Faisant des vœux pour la conservation des précieux jours du roi, le père du peuple, et de la famille royale.

Autre chose n'a été délibéré, et que extrait de la présente sera envoyé aux ministres et commissaire desparti.

Et ont signé ceux qui ont su avec le sieur Bénaïs et autre Bénaïs, secrétaire, en l'absence de M. le juge, quoique requis, présidant l'assemblée.

> [Signés :]LALANDE, *consul;* BELVÈZE, *syndic forain;* LARQUIER, *syndic;* PELLET, *lavorur* (sic); DAICHE, *arpenteur;* BELVÈZE, *marchand;* DELBREL aîné, *praticien;* BOYÉ; SEVEGNHE, *tonnelier;* André CADRÈS, *greffier;* MARRE, *laboureur;* BÉNAÏS, *secrétaire.*

---

1. Le sens de ce paragraphe reste peu net.

# MONTAUBAN

Cette ville est chef-lieu de département.

*El.* Montauban. — 26,000 h. environ (en 1787).

*Imp. pour 1779* (calculées sur 168 feux 37 belugues) : taille, 75,143 l. 19 s. ; charges locales ordinaires, 49,666 l. 19 s. ; charges locales extraordinaires, 7,017 l. ; trop allivré, 2,763 l. 15 s. ; chemins, 6,583 l. 10 s. ; vingtième rural. 39,259 l. 3 s. ; vingtième noble, 3,050 l. ; capitation roturière, 40,295 l. 15 s. ; don gratuit 30,640 l. ; milices, 659 l. 9 s.

*Députés ·* Fournés, conseiller au présidial ; Belvèze, avocat, 1er consul ; Ségui, avocat ; Poncet-Delpech, avocat, 2e consul[1] ; Château, procureur du roi ; Portal aîné, juge de la Bourse ; Revellat aîné, négociant ; Furbeyre, bourgeois ; Lagarrigue, avocat ; Constans aîné ; Vignals, bourgeois ; Mialaret, procureur ; Gautier, greffier en chef de la maréchaussée ; Bernard Débia ; Mariette d'Auriol ; Cinfraix cadet, négociant ; Locrate, procureur ; Vialet, bourgeois ; Delmas aîné, négociant ; Martin, procureur ; Lacaze, mᵉ perruquier ; Castel, mᵉ boulanger.

Procès-verbal de l'assemblée : 6 mars.

*Doléances et très humbles supplications de la ville
et communauté de Montauban[2].*

### BIEN PUBLIC GÉNÉRAL

[1º] Qu'aux assemblées des Etats généraux il sera voté par tête et non par ordre, avec protestation contre tout ce qui serait fait de contraire.

[2º] Qu'avant de s'occuper de l'impôt, on fixera les lois fondamentales de la Nation qui assurent, d'une manière inviolable, les droits du prince et de ses sujets.

[3º] Que les Etats généraux seront convoqués périodiquement. au moins tous les cinq ans, et que, dans l'intervalle,

---

1. Poncet-Delpech fut élu député du Tiers état à l'assemblée générale de la sénéchaussée de Cahors. Il était membre de la loge dite « La Parfaite Union ».

2. Copie contemporaine, informe. (Arch. du Lot, C 1257, pièce 19.)

il sera formé une Commission intermédiaire, toujours subsistante, composée et organisée comme les Etats généraux et présidée par un membre pris dans l'ordre de la noblesse. avec des syndics dont la moitiée pris dans l'ordre du tiers état. Que cette Commission intermédiaire ne pourra s'occuper que des objets qui auront été déterminés par les Etats généraux.

[4°] Que la vénalité des charges de magistrature soit supprimée avec remboursement.

[5°] Qu'il ne sera pourvu aux places de magistrat dans les différents tribunaux, que sur la présentation des sujets par les états provinciaux ou les commissaires. intermédiaires; lesquels sujets seront pris la moitié dans le tiers-état, et ne pourront l'être que parmi les avocats qui justifieront une postulation et exercice de leur profession pendant dix ans.

[6°] Que les *committimus*[1] et tous autres privilèges quelconques qui peuvent distraire les justiciables de leurs juges naturels soient supprimés, tant en matière civile que criminelle.

[7°] Que toutes les sénéchaussées du royaume seront érigées en présidiaux et que leurs justiciables auront la faculté d'y porter leurs causes en première instance, ou les défendeurs d'y évoquer; et qu'il sera fait des arrondissements pour rapprocher la justice des justiciables, sans égard aux limites des provinces.

[8°] Que les villes et communautés seront rétablies dans les droits d'élire et choisir librement leurs officiers municipaux et ceux des conseils politiques; et que les pourvus en titre des charges municipales seront remboursés de leur finance par le trésor royal.

[9°] Qu'il sera accordé des états particuliers à toutes les provinces du royaume, organisés comme les Etats généraux

[10] Que les codes, civil et criminel, soient réformés, les lois pénales adoucies et établies les mêmes pour toute sorte de délinquants.

[11°] Qu'il soit statué qu'aucuns des vœux indissolubles de religion ne puissent être admis qu'après l'âge de 25 ans.

---

1. A plusieurs reprises, les abbés de Moissac obtinrent des lettres de *committimus* avril 1647, 10 juillet 1697, 9 février 1760 (Arch. de Tarn-et-Garonne, G. 558.)

[12°] Que le clergé ne pourra s'immiscer dans les affaires temporelles

[13°] Que le concordat sera révoqué, et qu'en conséquence il n'y aura plus lieu à la sortie du numéraire pour l'obtention de brefs, bulles, etc.

[14°] Qu'il ne soit perçu dans tout le royaume qu'une seule dîme[1] sur les grains de paille et sur le vin ; que toutes les dîmes insolites, même les premières, soient abolies, et que les décimateurs seront tenus de rendre aux décimables les pailles à un prix qui ne puisse excéder 20 sols par quintal marc de celle du blé, 12 sols de celle du méteil et 8 sols celle de seigle.

[15°] Que toute banalité des moulins, fours, forges[2], etc.. les droits exclusifs de pêche et de chasse soient supprimés ; que tous les sujets du roi aient le droit de chasser sur leurs possessions, même dans les justices et directes du roi.

[16°] Que tous emphytéotes soient reçus au rachat des rentes, censives et de tous droits de directe particulière,

---

1. La dîme donnait lieu à d'innombrables procès. Voici, à son sujet, quelques précisions empruntées aux archives de Tarn-et-Garonne.

Une bulle du pape Urbain IV (1262) autorisa les abbés de Moissac à tenir un scribe aux portes de la ville pour compter les charges de vendange et faciliter ainsi la perception de la dîme (G 599).

Au cours d'un procès entre le recteur d'Esparsac et ses paroissiens (1492-1563), le parlement de Toulouse envoya sur les lieux un conseiller. Son arrêt fixa la dîme à 1 gerbe sur 17, à la dixième partie des laines, à 1 oison sur 7 et 4 fromages par ménage (G 691).

Vers 1577, les habitants de Chouastrac refusent la dîme (G 250) ; en 1664, ceux de Saint-Loup refusent celle du vin (G 740).

Le 8 décembre 1685, le doyen de Cayrac transige avec ses paroissiens : on lui accorde le vingtième des menus grains (G 494).

A Saint-Maurice, près de Lafrançaise, on percevait de 18-1 sur le « vin, millet, febves, pouds, besses, poids carrés, lentilles et autres menus grains ». (Accord du 26 avril 1660, G 290).

A Saint-Antonin, la dîme est perçue sur le safran (G 897) ; à Villemade, sur le tabac ; ailleurs, sur les chardons (G 290).

A Moissac, la proportion était de 1/12 (transaction du 24 mai 1365). L'acte dit que les grapilleurs (lambrusquaires) ne doivent pas la dîme (G 599).

Deux exemples montreront l'importance des revenus que procuraient les fruits décimaux. Le curé de Boudou, qui percevait, en 1713, le quart de la dîme, récoltait pour sa part : 51 sacs de froment, 14 barriques de vin et 30 livres en numéraire (G 646). A Saint-Aignan, elle rapportait au couvent des religieuses, qui avait droit aux 3/4 de la prestation : 45 sacs de blé fin, 34 sacs de blé gros, 100 sacs de méteil, 10 sacs d'avoine, 2 poignérées d'orge, 3 sacs de millet, 30 barriques de vin (H. 233).

2. Les forges banales de Montauban étaient au nombre de 12, dont 6 appartenaient à l'évêque et 6 au roi. Les forges de l'évêque étaient situées au Fau, à Léojac, à Verlhaguet, au bord du Tarn (près de Corbarieu), à Saint-Martial, à Saint-Laurens. Les forges royales se trouvaient à Gasseras, au Moustier, à Saint-Étienne-de-Tescou, à La Paillole, à Falguières, à Bonnefens.

moyennant l'indemnité dont le taux sera fixé par l'assemblée des Etats généraux.

[17°] Que les domaines du roi seront accensés aux enchères, même ceux déjà engagés ou concédés à vie.

[18°] Qu'il soit fait une loi qui encourage la population et établisse des peines contre les célibataires.

[19°] Qu'il soit établi un impôt territorial, pris en nature, sur les propriétés réelles et foncières, de quelque nature qu'elles soient et à quelque personne qu'elles puissent appartenir, sans en excepter le clergé, toute espèce des dîmes et revenus fonciers et les propriétaires privilégiés, sans distinction; un second impôt personnel sur tous les capitalistes, rentiers indépendamment de leurs impositions foncières, et généralement sur tous les sujets du roi qui ne possèdent pas de propriétés réelles; et un troisième impôt sur tous les objets de luxe qui en seront susceptibles.

[20°] Que les pensions et appointements à la charge de l'Etat seront supprimés ou réduits.

[21°] Qu'il sera pris une connaissance exacte de la situation des finances, de la quotité et des causes du déficit.

[22°] Que la dette nationale sera sanctionnée.

[23°] Que les capitaux seront consolidés et les intérêts réduits au taux légitime de la manière la moins onéreuse à l'Etat.

[24°] Que l'emploi des deniers publics sera assuré de manière qu'aucune somme ne pourra être détournée de la destination qui lui aura été assignée par la Nation.

[25°] Qu'il sera porté une loi qui assurera à tous les sujets et citoyens la liberté individuelle; qu'elle garantira tous les genres de propritété, de manière qu'on ne puisse jamais y porter atteinte, et que les propriétaires soient toujours assurés d'une indemnité effective, juste et proportionnelle dans le cas où le bien public exigerait quelque changement qui leur fût préjudiciable.

[26°] Qu'aucun impôt ne pourra être établi sans l'octroi de la nation, assemblée en Etats généraux, avec le droit aux états provinciaux et aux administrations municipales de percevoir elles-mêmes leurs subsides et de les faire parvenir à leur destination.

[27°] Que la prétendue maxime *Nulle terre sans seigneur*

soit abolie dans tout le royaume, notamment dans la province de Guyenne, régie par le droit écrit, qui n'admet pas cette maxime, et qu'en conséquence cette province jouisse du franc-alleu.

[28°] Que tous les sujets, sans distinction, soient admis aux charges de magistrature et emplois militaires le seul mérite personnel devant y conduire.

[29°] Que le droit de franc-fief sera aboli.

[30°] Que la liberté de la presse soit accordée.

[31°] Qu'il soit fait une nouvelle loi qui mette les sujets du roi à l'abri des recherches et des poursuites des traitants, après trois mois de délai du jour de l'ouverture des droits, et que les poursuites pour le recouvrement des droits domaniaux ne pourront être portées que devant le juge ordinaire.

[32°] Que les constructions, réparations et entretien des églises et maisons presbytérales soient à la charge des décimateurs.

[33°] Que tous impôts sur le vin, eau-de-vie et autres denrées, la viande et tout autre comestible soient supprimés

[34°] Que le papier monnaie ne soit point établi.

[35°] Que la corvée[1] en nature soit entièrement abolie, et qu'étant convertie en argent, elle soit supportée par tous les états, sans distinction.

[36°] Que pour protéger l'agriculture, tous les domestiques de tous les états, sans aucune distinction ni exception, seront sujets au tirement du sort.

[37°] Qu'à l'avenir, la sénéchaussée de Montauban enverra directement ses députés aux Etats généraux[2].

1. En 1746, à Martissan, près de Cazes-Mondenard, il ne fut pas permis à un paysan de quitter la corvée pour assister à l'enterrement de sa femme. L'intendant Lescalopier, menaçait de prison ceux qui ne répondaient pas aux convocations. Son frère étant venu le voir et désirant rentrer à Paris en passant par le Rouergue, Lescalopier convoqua 4,000 paysans pendant 10 jours. Tout ce qui se trouva sur le tracé de la route fut abattu, arbres, vignes, haies, murs. Deux jours après le passage du carrosse, l'intendant autorisa les paysans à reprendre leur terrain. (*Mémoire de la Cour des Aides de Montauban adressé au ministre contre Lescalopier.* Cité par MARY-LAFON, *Histoire du Midi de la France,* t. IV, pp. 302-305.)

2. Dans le Quercy, seule la sénéchaussée de Cahors députa directement à Versailles. Montauban fut classé sénéchaussée secondaire, de même que Lauzerte, Gourdon, Figeac et Martel. Dès le 15 février, Montauban avait protesté auprès du garde des sceaux, rappelant qu'en 1614 « Cahors ne députa pas plus que Montauban ». Peu après, un long mémoire fut rédigé et imprimé. On y citait notamment le ressort de Rivière-Verdun, qui, disait-on, avait droit à une députation directe. Le garde des sceaux répondit (14 mars) : « Impossible de rien changer. » Pendant les opérations de l'as-

### BIEN PUBLIC DE LA PROVINCE

[38°] Que les états particuliers de cette province, dont elle avait joui jusqu'au siècle dernier, seront rétablis et organisés comme les Etats généraux, en y ajoutant les cinq élections de la Gascogne, démembrées [en 1716] de la généralité de Montauban qui, se trouvant au centre et la ville principale, doit être le lieu de la tenue desdits Etats particuliers. ·

[39°] Que l'emprunt, auquel l'administration provinciale actuelle a été autorisée, soit arrêté et que ce qui en est dû soit payé par imposition sur tous les possédant-fonds et sur les facultés; le tout sans aucune exception ni distinction de privilèges.

[40°] Que la navigation des rivières de la province soit perfectionnée, les moulins qui lui sont nuisibles supprimés. ainsi que tous les pertuis, pour être remplacés par des écluses.

[41] Que les moulins sur les petites rivières et ruisseaux, nuisibles aux propriétés riveraines, soient également sup primés, en ne conservant que ceux indispensablement nécessaires au service public et construits suivant les règlements.

[42] Que l'exploitation des mines de charbon et autres, le repeuplement des forêts et leur surveillance la plus rigoureuse soient établis et encouragés.

[43°] Qu'il soit supprimé l'imposition annuelle de la somme de 40,000 livres, jetée sur la généralité de Montauban, sous le prétexte que la somme de 40,000 livres pour fin de paye de celle de 120,000 livres du prix de l'acquisition du nouvel hôtel de l'Intendance subsistait lors de l'établissement de l'administration provinciale, imposition qui est injustement continuée puisque la cause en a cessé depuis longtemps.

### ADMINISTRATION MUNICIPALE

[44°] Que tous les privilèges et immunités accordés par nos rois à la ville de Montauban lui soient confirmés, notam-

sembfée générale de Cahois (16-26 mars), la question fut de nouveau agitée. Enfin, le 19 avril, le ministre reconnut le bon droit de Montauban pour... la prochaine fois.

ment celui par lequel Philippe IV promit, pour lui et ses successeurs, aux habitants de ne jamais les sortir de sa domination.

[45°] Que l'Etat remboursera à la communauté de Montauban le capital représentatif de la somme de 4,466 livres de l'intérêt pour lequel ladite communauté est comprise dans l'état du roi.

[46°] Que la communauté soit déchargée de fournir, elle seule, aux dépenses relatives au logement et à l'ustensile des troupes en quartier dans la ville et qui font un objet de 15,000 à 20,000 livres par année, et que les dépenses soient supportées par le général de la province.

[47°] Que la communauté soit également déchargée des réparations aux palais de justice et de celles de l'hôtel de l'Intendance, et que les unes soient supportées par les juridictions ou ressorts des tribunaux et les autres par la province.

[48°] Que l'impôt de la capitation, se portant actuellement à la somme de 40,876 livres, soit réduit et mieux proportionné aux facultés des habitants.

[49°] Qu'un droit appelé de *quarantain* qui se perçoit sur le sel consommé dans la province de Quercy et dont le produit sert à payer les gages des officiers du présidial de Cahors, qui ont payé la finance de leurs offices au roi, soit supprimé, sauf à être pourvu par l'Etat au payement des gages desdits officiers.

[50°] Que la ville soit rétablie dans la propriété du terrain formant ses anciens fossés.

[51°] Que l'immunité de la taille des officiers municipaux soit supprimée.


### JURIDICTION CONSULAIRE DES MARCHANDS[1]


[52°] Que cette juridiction ait la faculté de juger en dernier ressort, les sommes liquidées par billet entre mar

---

1. Créée par un édit de mars 1710. — Il ne faut pas la confondre avec la Bourse de commerce de Montauban. Celle-ci a son origine dans une association de marchands de Toulouse, Bordeaux, Albi, Agen, Marmande, Montauban, Moissac, Port-Sainte-Marie, Auvillars, Verdun-sur-Garonne, etc., qui se groupèrent, dans le second tiers du XV° siècle afin

chands et par lettre de change jusqu'à la somme de 6 000 l.

[53] Que les chambres de commerce soient multipliées et érigées en cours supérieures, pour le fait de commerce seulement.

[54°] Que la connaissance des faillites et banqueroutes, circonstances et dépendances jusques au criminel, soit rendue aux juridictions consulaires, ainsi que la connaissance des trocs et ventes faites en foire, entre marchands, et celle des baux à ferme et sociétés qui se font entre particuliers.

[55°] Que toutes lettres et billets d'échange à ordre soient soumis aux mêmes formalités, sans aucune distinction ni exception.

[56°] Que toutes lettres de répit et de surséance soient enregistrées aux juridictions consulaires du ressort, avec les motifs du solliciteur, et nouvel enregistrement en cas de renouvellement.

[57°] Que la loi pénale contre le débiteur soit la même dans tout le royaume.

### COMMERCE

[58°] Que tous privilèges de conservation et autres soient abolis.

[59°] Que tous péages[1], octrois des villes, foires franches

d'obtenir un trafic rapide et garanti sur la Garonne, le Tarn, l'Aveyron et leurs affluents. Cette association est mentionnée dans un arrêt du Parlement de Guyenne du 7 septembre 1480. — Cette bourse, dite des trois rivières, reçut son existence légale du roi Louis XII, en 1499. Une délibération du Conseil de Gaillac (4 août 1499) mentionne qu'elle tenait une assemblée générale tous les trois ans. Le *Livre noir* des archives municipales de Montauban (fol. 86) relate celle qui fut convoquée en 1597. Cf. J.-L. Riol, *Le Vignoble de Gaillac depuis ses origines jusqu'à nos jours* (1913). p. 179-181. — En 1507, un fonctionnaire montalbanais portait le titre de *Magister navirorum Montisalbani*; en 1636, le siège de la Bourse de Montauban était situé rue du Greffe, laquelle rue portait encore, en 1746, le nom de rue de la Bourse. (*Bull. Soc. Arch. de T.-et-G.*, t. XXXIV, p. 58 et 61.)

1. Sur la question des péages ou plus exactement du droit de navigation sur les cours d'eau, consulter un arrêt du Parlement de Toulouse (22 décembre 1531) qui confirma ce droit aux abbés de Moissac, ès lieux de Moissac, Malause, Auvillar. L'arrêt est rendu entre le syndic des marchands des rivières de Garonne, Tarn, Lot, Aveyron, Dordogne, etc., d'une part; et, d'autre part, les seigneurs de Monbartier, d'Ardus, de Nègrepelisse, l'évêque de Montauban, les bourgeois de Castelsarrasin, etc. Cet intéressant document cite les tarifs, les lieux de péage et les marchandises soumises aux droits. (Arch. de T.-et-G., G 607). — En 1629, la ville de Montauban, pour se procurer les ressources nécessaires à la construction de murs d'en-

et tous privilèges de manufactures royales et autres privilèges soient supprimés.

[60°] Que les douanes soient reculées jusques aux frontières

[61°] Que dans tout le royaume, il n'y ait qu'un même poids et une même mesure.

[62°] Qu'il soit défendu d'estamper et broder les marchandises, de quelque nature qu'elles soient, d'un autre nom que celui d'un manufacturier et domicile réel.

[63°] Qu'il soit fait un détail très exact des divers genres des marchandises étrangères qu'on pourra importer, et que les droits qu'elles devront payer aux entrées du royaume soient fixés d'une manière très précise et sur le taux de 1664.

[64°] Que la sortie des matières premières soit prohibée, et qu'elles soient réservées préférablement aux manufactures nationales.

[65°] Que l'entrée de nos colonies soit interdite à toutes les nations, même à nos alliés.

[66°] Qu'il soit fait un examen approfondi des traités de commerce avec les nations étrangères.

[67°] Qu'il soit statué sur la position des marchands domiciliés qui ne sont pas corporisés, et sur le préjudice que porte le colportage, qui ne supporte point de charges

[68°] Que les maîtrises soient supprimées moyennant remboursement.

[69°] Que les droits sur les cuirs[1], cartons et papiers soient supprimés.

### CORPORATIONS PARTICULIÈRES[2]

*Notaires.* [70°] Qu'aucun sujet ne sera reçu à l'office de notaire, qu'il ne rapporte un certificat qu'il a pratiqué dans

ceinte, obtint du Conseil d'État la permission de percevoir, pendant six ans, à la pointe du Tarn, près de Moissac, un droit sur le vin et le pastel. (Arch. comm. de Montauban, Supplique au roi, Livre jaune, fol. 85).

1. L'impôt qui frappait le cuir était affermé à des particuliers qui faisaient enregistrer les marques dont ils frappaient la marchandise. Un enregistrement de ce genre (2 avril 1762) nous apprend que l'industrie du cuir existait à Montauban, Moissac, Loubéjac, Espanel, Caussade, Puylaroque. (*Bull. Soc. Arch. de T.-et-G.*, t. XXXI, p. 172.)

2. Les corporations (règlement général du 24 janvier 1789, art. 26), furent autorisés à participer à la rédaction des cahiers et à prendre part

des études de procureurs ou de notaires l'espace de dix ans

[71°] Que les tarifs des droits de contrôle, insinuation, etc., seront réformés.

[72°] Que les expéditions des actes soient faites sur papier et non sur parchemin, pour le danger des falsifications et autres inconvénients.

*Chirurgiens-accoucheurs.* [73°] Que les communautés soient tenues d'envoyer, à leurs frais, une ou plusieurs élèves, y résidantes, aux cours d'accouchement établis dans les villes principales.

[74°] Que les statuts et règlements faits pour les chirurgiens des villes de Toulouse et Bordeaux soient déclarés communs à ceux de Montauban.

*Orfèvres.* [75°] Que les gardes jurés des orfèvres soient dispensés d'aller tous les ans prêter le serment devant les sièges de la monnaie, et de n'y être tenus que tous les quatre ans.

[76°] Que les orfèvres soient dispensés de tenir registre des vieux ouvrages pour n'être pas exposés, comme ils le sont, aux recherches et tracasseries des commis des droits

[77°] Que les droits trop considérables établis sur les ouvrages d'orfèvrerie et bijouterie dans leur exportation, depuis Paris jusqu'à Montauban, soient réduits pour que ce commerce n'en soit pas aussi gêné qu'il l'est.

*Forgerons.* [78°] Que les droits établis sur le fer soient également abolis.

*Huissiers.* [79] Que les seigneurs soient tenus de ne donner des provisions de bayle qu'à des sujets idoines à exercer, sachant lire et écrire, et qu'ils soient reçus et assermentés par le juge royal du ressort.

*Perruquiers.* [80°] Qu'ils soient admis à payer en corps le centième denier de leurs privilèges par une seule quittance,

aux assemblées primaires à raison de *un* délégué par 100 personnes pour les corporations d'arts et métiers, et de *deux* délégués par 100 personnes pour les corporations des arts libéraux (négociants, armateurs, etc.). A Caussade 19 corporations envoyèrent des délégués. (Cf. le procès-verbal de l'assemblée paroissiale.) A Montauban, il y eut des conflits, notamment entre les épiciers en gros et les épiciers de détail. Les premiers, qui ne furent pas acceptés à l'assemblée de paroisse, envoyèrent leur cahier séparément (document publié dans les *Archives parlementaires*, t. V, p. 495) ; les minotiers firent de même. (BRETTE, *op. cit.*, t. IV, p. 19). On refusa aussi les députés de la maréchaussée, parceque *corps militaire*, alors qu'ils se présentaient comme *corps judiciaire*. *(Ibid.)*

n'étant sujette qu'à un droit, comme par le passé, sans être obligés de prendre de nouvelles lettres aux mutations

*Cordonniers.* [81] Que les articles 5 et 6 des lettres patentes[1] concernant ce corps soient réformés, et que le chef-d'œuvre des aspirants leur soit indiqué par leurs bayles.

### POUR LE PEUPLE

[82] Que le Gouvernement, dans les années diseteuses étendra sur le peuple des provinces, les mêmes bienfaits qu'il accorde à celui de Paris, en suivant les proportions que Sa Sagesse lui inspirera.

Fait et arrêté dans la salle de l'Hôtel de Ville de Montauban, le 8 mars 1789.

# MONTEILS

*Arr.* Montauban. — *Cant.* Caussade.

*El.* Montauban, 856 h. (en 1779).

*Imp. pour* 1779 (calculées sur 15 feux, 2/4 de bélugue) : taille, 6,691 l. 12 s. ; charges locales ordinaires, 494 l. 11 s. 11 d. ; trop allivré, 246 l. 5.s. ; chemins, 586 l. 12 s. ; vingtième rural, 2,859 l. ; vingtième noble, 42 l. ; capitation roturière, 2,684 l. 15 s. ; milices, 58 l. 15 s.

*Députés :* Jean Lugan aîné ; Jean Bédé ; Antoine David tous laboureurs.

Procès-verbal de l'assemblée : 4 mars.

*Cahier des très humbles et très respectueuses plaintes, doléances et remontrances des habitants de la communauté de Monteils assemblés extraordinairement le 4 mars 1789[2].*

Nous sommes des rustres ; la simplicité est ce qui nous convient dans la rédaction de nos doléances

---

1. Ce document n'a pu être retrouvé. L'art. 6 des statuts de 1610 est relatif au chef d'œuvre des candidats à la maîtrise. (*Arch. de Montauban,* Livre Jaune, fol. 24.)

2. Original aux arch. comm. de Monteils, reg. des délib. de 1783 à 1789 (BB 1).

*Premièrement.* — Cette communauté est surchargée par les impôts réels et personnels dont la masse est énorme, puisque nos impôts sur les terres s'élèvent à plus du tiers de leur produit net, ainsi qu'on peut le voir dans le tableau suivant.

Ce tableau servira aussi de comparaison des revenus du clergé avec ceux du tiers état, de même que des impôts de l'un et l'autre ordre

Notre communauté n'est composée, tout au plus, que des trois quarts de la paroisse de Monteils, le surplus fait une dépendance de la communauté de Septfonds.

L'évêque de Cahors et le Chapitre de Saint-Antonin sont les premiers prieurs de cette paroisse, par portions inégales. Le curé est pensionné par les gros décimateurs. M. l'évêque de Cahors a affermé sa portion suivant le dernier bail, ci .................................................. 1.800 livres

Le prix de ferme actuel de la portion du chapitre s'élève à........................ 5.675 livres

Total des revenus du clergé............. 7.475 livres
Voici les charges qui pourraient en être déduites :
Honoraires du curé.... 1.200 livres }
Honoraires du vicaire.. 500 livres \    1.700 livres

Resterait donc de net aux prieurs...... 5.775 livres
Pour raison de quoi ils devraient contribuer aux impôts dans la même proportion que les propriétaires des terres de la paroisse.

Si, comme on vient de le voir, les revenus du clergé de l'entière paroisse de Monteils se portent, suivant le prix des fermes, à 7,475 livres, les revenus sujets à la dîme, dont la cote est au dixième, ne peuvent se porter au-delà. de ci .................................................. 74.750 livres

Le clergé ne perçoit point la dîme sur les prés, les bois, ni les chenevières, et la cote de celle du vin et des menus grains est moindre que le dixième. Tous ces objets peuvent produire à la paroisse un revenu annuel de............................... 12.000 livres

Total général des revenus de la paroisse de Monteils, ci........................ 86.750 livres

Nous avons déjà dit que notre communauté ne comprend tout au plus que les trois quarts de la paroisse, par conséquent le produit annuel de nos terres ne doit se porter qu'à 65,062 livres 10 sous.

Sur quoi il doit être distrait au moins le septième pour les semences se portant à 9,294 livres 12 sous 10 deniers.

Plus la portion du clergé relativement à notre communauté s'élève à 5,606 livres 5 sous. Ne reste que 50,161 livres 12 sous 2 deniers.

De cette somme, il doit en être prélevé la moitié pour les frais de culture et exploitation; ne reste donc, à environ 250 livres aux propriétaires, la plupart chargés d'une nombreuse famille, que ci... 1,254 livres 8 sous 1 denier[1].

Reste à 23,826 livres 8 sous 0 denier.

Et sur cette dernière somme, la communauté paye d'impôts réels, ci... 8,213 livres 8 sous.

Tandis que le revenu du clergé dans cette communauté, déduction faite des honoraires qui devraient être accordés au curé et au vicaire, le revenu, disons-nous, s'élève à 4,331 livres 15 sous et qu'il ne paye pas au-delà de 500livres de décimes, cependant, par une juste répartition proportionnée à la contribution du tiers état, le clergé devrait payer au moins 1,490 livres; par conséquent près de 900 livres de plus Il doit, sans doute, en être à peu près de même dans tout le royaume, et le tout calculé, on pourrait faire entrer dans les coffres du roi des sommes immenses, et soulager dans la suite le tiers état.

Par cet aperçu, on peut se convaincre que les impositions réelles de notre communauté sont exorbitantes, surtout si l'on considère l'ingratitude de la majeure partie des fonds et les accidents que le bon fonds éprouve par les inondations fréquentes de trois ruisseaux, l'une desquelles vient d'emporter depuis peu le pont qui, dans cette communauté, est sur le chemin de Caussade à Puylaroque, ce qui fait que, du depuis, toute communication est interceptée.

La masse de notre capitation n'est pas moins exorbitante surtout si l'on considère que le tiers de cette communauté,

---

1. Cet alinéa nous paraît peu intelligible : le décompte des reveaus des « propriétaires » n'apparaît pas clairement.

et le meilleur fonds, est possédé par des forains qui ne contribuent par conséquent point à cette capitation, qui se porte au moins à 2,600 livres; elle n'est pas d'ailleurs proportionnée aux autres communautés de la Généralité. Une refonte générale sur cet objet serait de toute justice

*Secondement.* — La banalité des forges, qui est un second impôt, nous gêne extraordinairement. Nous sommes obligés d'aller à Caussade, et encore bien heureux si toutes les fois nous trouvions le forgeron prêt à nous servir. Mais loin de là; non seulement ceux qui habitons l'extrémité de cette paroisse perdons un temps considérable pour aller à la forge et revenir, mais encore nous éprouvons très souvent, les uns et les autres, des refus de la part des forgerons.

*Troisièmement.* — Nous avons dans notre communauté douze seigneurs directs qui nous rongent et nous dévorent, et dont certains ont fait des usurpations sur le domaine de Sa Majesté dépendant de la baronnie royale de Caussade dans laquelle notre communauté est située. Ces différents seigneurs nous obligent à renouveler les reconnaissances trop souvent et nous écrasent par la demande des arrérages de rente.

*Quatrièmement.* — Le vœu de la communauté serait la suppression de l'édit des hypothèques[1], ou du moins, qu'avant de prendre des lettres de ratification, les acquéreurs fussent tenus de faire faire des affiches et proclamations aux portes des églises paroissiales dans le district desquelles les biens vendus seraient situés.

*Cinquièmement.* — Enfin la désunion du Quercy d'avec le Rouergue, l'élection libre des députés des trois ordres, la suppression de la gabelle et, surtout, la permission de tenir tout le sel qui nous est nécessaire, sont encore des vœux que nous formons.

Fait en l'assemblée générale de communauté, convoquée en la forme prescrite par le règlement du 24 janvier et l'ordonnance de M. le lieutenant général en la sénéchaussée de

---

1 Il s'agit vraisemblablement de l'édit de juin 1771, portant création de conservateurs des hypothèques sur les immeubles réels et fictifs.

Montauban, du 26 février suivant, en l'hôtel de ville de Monteils, le 4 mars 1789 ; et ont signé ceux qui ont su

[Signé :] MONTET, *consul*; MIQUEL, *syndic*; LUGAN; BÉDÉ; DAVID; MAZUC; MIQUEL; MAZUC; DAVID; BÉDÉ; CLAMENS; MIQUEL; RUAMPS; FIALET; GRAS; MIQUEL; DARADÉ; TREILHOU; J. MAFFRE; BÈS; DELPECH, *secrétaire*.

## NEGREPELISSE

*Arr. Montauban.* — Négrepelisse est chef-lieu de canton.

*El. Montauban.* Une paroisse (Saint-Pierre) : 1,831 h. (en 1787).

*Imp. pour 1779* (calculées sur 35 feux, 26 belugues) : taille, 15,720 l. 14 s. ; charges locales ordinaires, 1,969 l. 10 s 3 d ; charges locales extraordinaires 9 l. 13 s. 3 d. ; trop allivré, 578 l. 15 s. ; chemins, 1,378 l. 14 s. ; vingtième rural, 7,494 l. ; vingtième noble, 2,500 l. ; capitation roturière, 6,947 l. 10 s. ; don gratuit 1,200 l. ; milices, 138 l. 2 s.

*Députés* leur nom n'a pu être retrouvé.

Le procès-verbal de l'assemblée n' a pu être retrouvé.

*Cahier des doléances, plaintes et très respectueuses rémontrances que la ville et communauté de Négrepelisse, sénéchaussée de Montauban en Quercy... a rédigé dans son assemblée générale, tenue à cet effet le 8 mars 1789, sous la présidence de M<sup>e</sup> Paul-François Bonnet, avocat en parlement, et le plus ancien en la justice du lieu, en l'absence de Monsieur le Juge et des autres officiers du siège*[1].

ARTICLE PREMIER. — La ville de Négrepelisse, située à deux lieues de Montauban, est composée de 350 feux et son consulat en renferme 750.

---

1. Original aux archives municipales de Négrepelisse (liasse AA 2).

Le terroir de cette communauté, léger dans son ensemble, n'a qu'une production très insuffisante à sa population puisque dans leur année même la plus abondante, après avoir acquitté la dîme, les frais de culture, les impôts royaux, les redevances seigneuriales, les cas fortuits et les semences, il ne reste au propriétaire que le quart du revenu.

Il résulte donc que la communauté de Négrepelisse est très dans le cas d'obtenir un soulagement sur les impôts; et pour y parvenir, sans qu'il en coûte ni à l'Etat ni au Trésor royal, Sa Majesté est suppliée de vouloir ordonner que les *biens ecclésiastiques* et les *biens nobles* seront également compris à la taille et à toutes les autres impositions généralement quelconques, tant pour les besoins de la nation que pour les frais locaux à l'avantage desquels ils ont participé jusqu'ici sans néanmoins contribuer au fardeau des charges municipales.

Le dernier système d'impositions qu'on a désigné scus le le nom d'*impôt territorial* serait d'autant plus préférable à tout autre impôt, qu'en établissant l'égalité la plus exacte entre tous les contribuables, il fournirait de grandes ressources au roi sans surcharger la nation.

ART. 2. — La capitation annuelle de la ville et commu nauté de Négrepelisse est encore exorbitante, soit qu'on la compare au taux de celle des communautés voisines, soit que l'on considère que, lorsque la capitation fut créée sur le pied où elle se trouve, la ville de Négrepelisse jouissait alors des avantages d'un commerce qu'elle n'a plus aujourd'hui

Le commerce de Négrepelisse, qui en faisait l'unique et principale ressource, consistant en une fabrique de cadis, fut éteint lorsque la France céda le Canada, et c'est en vain que, depuis cette époque, les habitants les plus industrieux de cette ville ont tenté de le vérifier par une fabrication de toiles de coton.

Ce nouveau commerce, mal entendu, mal conduit et peu protégé, ne donne plus aujourd'hui aux habitants de cette cité ni les avantages, ni les ressources qu'ils avaient autrefois, ce qu'ils pourraient néanmoins espérer d'atteindre bientôt, s'il plaisait à Sa Majesté de le ranimer par quelque espèce d'encouragement, et d'en rendre la fabrication plus exacte et plus régulière en le soumettant à des lois d'ordre, telles par exemple que de rétablir les offices municipaux dans le droit d'en être les juges et de l'inspecter exclusivement.

Pour favoriser d'autant plus ce commerce régénéré sous les auspices de son roi, la ville de Négrepelisse, dont l'Aveyron baigne les murs, supplierait Sa Majesté de rétablir cette rivière dans son état de navigation primitive[1] qui n'a été interrompue que par la négligence de certains propriétaires à entretenir les écluses et pas volants.

Il serait également très utile, pour le commerce en général, que Sa Majesté voulût ordonner l'ouverture d'une grande route qui, de Montauban, passant par Négrepelisse, Bruniquel et la forêt royale de Grésigne, allât se communiquer à celle que les Etats du Languedoc ont nouvellement pratiquée pour l'utilité du pays d'Albigeois.

Cet embranchement établirait entre cette dernière province et celle du Quercy une communication qui paraît inséparable de leur voisinage.

Indépendamment des avantages locaux de cette double opération, il en résulterait un bien particulier pour Sa Majesté elle-même, qui verrait quadrupler au moins les revenus de sa forêt royale de Grésigne par la plus grande facilité de l'exportation des bois de construction navale, des merrains et autres bois dont cette forêt abonde sans pouvoir aucunement les utiliser.

ART. 3. — La ville et communauté de Négrepelisse, ayant été dépouillée de la nomination de ses officiers municipaux par l'édit du mois de novembre 1771, elle supplie Sa Majesté de vouloir la rétablir dans la faculté de lui présenter cette nomination d'officiers pour ensuite la confirmer du sceau de son autorité ; et, enfin d'inspirer parmi les habitants une émulation toujours avantageuse au bien public, il conviendrait que ces officiers fussent changés et remplacés, par moitié tous les ans.

Pour aider les officiers municipaux et dans leur travail et dans leurs fonctions, la ville et communauté de Négrepelisse croit intéressant de supplier Sa Majesté de lui accorder

---

1. En 1688, l'Aveyron était parfaitement navigable. Les communautés de Réalville, Cayrac et Caussade entretenaient un quai au lieu dit de Cavarrol pour les bateaux « navigant sur la rivière de l'Aveyron ». (Arch. de T.-et-G., G 507.) Ce lieu n'a pu être identifié.

l'établissement d'un conseil politique composé de huit membres au plus, d'un syndic, habitant de la communauté, d'un syndic des biens-tenants forains, d'un procureur du roi de ville pour la police et d'un secrétaire-greffier qui serait le seul stable.

La ville et communauté de Négrepelisse supplierait Sa Majesté de vouloir accorder à ce Corps Municipal ainsi formé le droit de délibérations des communautés ordinaires, l'inspection des fabriques et manufactures et la juridiction de la police dans toute l'étendue de la communauté, souverainement et en dernier ressort, jusqu'à la somme de 15 livres, ainsi que pour toutes les contestations à raison d'injures verbales légères, à la charge que les jugements seraient rendus par un officier municipal assisté de deux conseillers politiques, au moins, et sur les conclusions du procureur du roi pour la police.

De cet ordre de choses il résulterait et une meilleure administration pour le bien général de la communauté et un grand avantage particulier pour les habitants puisque, forcés de recourir jusqu'ici, aux tribunaux de la justice ordinaire à raison de ces objets médiocres, ils sont totalement écrasés en frais, et même souvent hors d'état de pouvoir obtenir la justice qu'ils ont néanmoins le droit de prétendre

Instruits par une trop malheureuse expérience que la moins-dite, que tout citoyen peut faire pour la levée des impôts royaux, tourne presque toujours au détriment des contribuables, souvent les plus pauvres et les plus malheureux, les habitants de la ville et communauté de Négrepelisse ne cesseront d'intercéder auprès du trône pour tâcher d'en obtenir la proscription totale et pour solliciter Sa Majesté de confier, à l'avenir et exclusivement, cette collecte aux officiers municipaux qui, choisis par la communauté, lui seront toujours agréables dans une fonction la plus délicate de toutes les fonctions municipales.

Les archives de la ville et communauté de Négrepelisse sont remplies de titres et chartes qui prouvent que les rois de France, du domaine desquels elle faisait jadis une dépendance, lui accordèrent alors des droits, des libertés et des franchises honorables, dont elle se voit privée depuis, qu'elle est passée sous la dépendance des seigneurs particuliers et qu'elle n'a plus l'honneur de relever directement de la couronne. Jalouse de reprendre son ancien lustre et ses glorieux privilèges, la communauté de Négrepelisse supplie Sa Majesté de vouloir lui permettre de poursuivre, par toutes les voies légales, le rétablissement de tous ses anciens droits libertés et franchises que des temps malheureux lui ont usurpés.

La ville de Négrepelisse possède dans son sein un hôpital richement doté par les bienfaits du grand Turenne. Cet établissement, régi par des administrations particulières, ne fait pas l'honneur à la municipalité de la comprendre dans le nombre de ses administrateurs. Une pareille exclusion paraît également contraire à l'ordre public et aux intérêts de cette honorable fondation  Sa Majesté est donc très humblement suppliée de vouloir ordonner que les officiers municipaux feront, à l'avenir, partie de l'administration de cet hôpital, privilège du reste qui semble devoir leur être acquis par la dotation annuelle de la communauté qui charge les sœurs de l'ordre de Nevers des classes publiques de la ville de Négrepelisse.

ART. 4. — La ville et communauté de Négrepelisse a toujours joui de la prérogative d'avoir dans son enceinte un tribunal de justice de première instance; elle prouverait même, par des titres authentiques, que le juge de la juridiction était tenu de prêter serment entre les mains des officiers municipaux qui avaient même le droit de l'assister dans les jugements des causes criminelles; ce serait donc priver du plus grand de tous les privilèges les habitants d'une ville, devenue par sa population l'une des plus considérables de la sénéchaussée, que de lui enlever la présence de ses juges

L'intention de Sa Majesté, le désir du Gouvernement et le vœu de la nation entière est de rapprocher les juges de leurs justiciables; peut-on mieux y réussir qu'en conservant les justices de première instance, sous l'obligation des juges qu'ils seront gradués, qu'ils seront résidants dans le chef-lieu la juridiction, et que, tant eux que tous les autres officiers et suppôts des sièges, seront inamovibles, si ce n'est pour cas de forfaiture ou de malversation préalablement jugés ?

Pour restreindre même l'acharnement des plaideurs qui, par des appels multiples, cherchent à se soustraire à la condamnation qu'ils méritent ou à se ruiner en frais, eux et leurs adversaires, la ville et communauté de Négrepelisse supplie Sa Majesté de vouloir accorder aux juges de première instance la compétence souveraine et en dernier ressort jusqu'à la somme de 150 livres.

ART. 5. — Le rétablissement des Etats Généraux du royaume étant le seul préservatif aux maux qui pourraient désormais affliger la nation, la ville et communauté de Négrepelisse supplie Sa Majesté d'ordonner, comme loi constitutionnelle et invariable de la monarchie, qu'ils s'assembleront une fois tous les dix ans au moins; qu'ils seront composés d'un égal nombre de représentants du Tiers Etat à celui des deux autres ordres du clergé et de la noblesse réunis; qu'il y sera délibéré par tête et non par ordre, et que ce sera devant ce tribunal auguste qu'à l'avenir, les détenteurs des fonds royaux seront tenus de rendre leurs comptes

Le bien particulier ne pouvant dériver que du bien général, la ville et communauté de Négrepelisse ne cessera de solliciter Sa Majesté de vouloir rétablir, à l'instar des Etats Généraux, les états particuliers de la province du Quercy et de maintenir la ville de Négrepelisse dans le droit qu'elle a d'y envoyer des représentants.

Pour éviter les frais immenses que la perception actuelle des impôts nécessite, la ville et communauté de Négrepelisse supplie Sa Majesté de vouloir établir un caissier dépendant des états particuliers de chaque province qui recevrait directement des collecteurs de chaque communauté la quotité des impôts et les verserait ainsi lui-même dans les coffres du roi.

ART. 6. — Les notaires étant chargés de la plus importante de toutes les fonctions civiles, il serait à désirer que le Gouvernement cherchât à assurer la considération de ceux qui exercent cet état. La ville et communauté de Négrepelisse ne peut donc que supplier Sa Majesté d'ordonner qu'il n'existera plus dans son royaume de notaires autres que les notaires royaux, et que les sujets qui désireront d'occuper ces offices seront tenus d'être gradués et de faire, en outre, la preuve la plus rigoureuse et de leur capacité, et de leur sage conduite, et de leurs bonne vie et mœurs.

Rien de plus sage que l'édit du contrôle pour contenir les notaires dans leurs devoirs et pour assurer la conservation de nos propriétés. Mais le taux sur lequel l'avidité des traitants l'a fait progressivement monter, depuis son établissement, par l'arbitraire de leur perception, force la ville et communauté de Négrepelisse de demander à Sa Majesté la correction de ce tarif.

ART. 7. — Le nom *français*, qui distingue ce royaume de toutes les autres nations de l'univers et qui l'appelle à la liberté, enhardit les habitants de Négrepelisse de supplier Sa Majesté de rédimer la nation, au moyen d'un dédommagement pécuniaire, de ces espèces de servitudes dans lesquelles un reste de l'ancien régime féodal la tient encore asservie, telle par exemple que les banalités, les prélations et autres droits de ce genre.

Par ce même motif, la ville et communauté de Négrepelisse supplie encore Sa Majesté de vouloir supprimer le tirement du sort pour les milices, et d'anéantir, sans distinction, dans tout l'intérieur de son royaume, les aides et gabelles dont l'établissement fiscal est aussi contraire à la politique que nuisible au commerce et à l'agriculture.

Comme il est juste, dans un gouvernement quelconque, de partager également les avantages et les charges entre tous les individus, la ville de Négrepelisse croit devoir réclamer auprès de Sa Majesté qu'il lui plaise d'admettre, sans distinction et concurremment, le Tiers-Etat avec la Noblesse dans tous les emplois tant ecclésiastiques et militaires que civils.

Les ressources de la France seraient incalculables si Sa Majesté jouissait de tous les domaines de sa couronne. La ville de Négrepelisse supplie donc Sa Majesté de rentrer dans tous ses domaines engagés dont la production annuelle, quadruplant, et au delà, le prix des engagements, contribuerait à faire alléger la nation d'autant du fardeau des charges publiques.

En clôturant enfin le tableau de leurs doléances, les habitants de Négrepelisse, protestent le plus respectueusement de leur fidélité et de leur soumission ; et comme français, braves, reconnaissants et généreux, ils vont redoubler leurs vœux, leur zèle et leur amour pour la conservation et la prospérité de la personne sacrée de Louis XVI et de son auguste famille.

A Négrepelisse, dans la salle ordinaire des assemblées de l'hôtel de ville, le susdit jour, 8 mars 1789; et ont signé ceux qui savent.

> [Signés :] G. BOUIN, *consul*; BESSIÈRES, *consul*; BONNEVILLE, *consul*; ROUÈRE, *syndic*; BAILLO; GRIEUMARD, *le jeune*; GRIEU-MARD *aîné*; GARDES; GRIEUMARD *cadet*; J. VIGUIÉ; PELLET; Alexandre DEI ON; PRESSEQ; LAUZET; SEGUY; DUPUY; LA-FARGUE; LOMBRAIL; BOUILLENC· TEIS-SIÉ; CABAL; DUVERNED; BESSEY-TER-RASSON; LOMBRAIL: POMIÈS; MARTY; POMIÈS; B. GASQUET; GUY; CABAIL; GAUTIÉ; Rd TEYSSIÉ; GAUBIL; Pierre MALET; VERN; SAY; J. FAURÉ; MOUNT-MÉJA; MONTET; BESSEY; LAURANS; E. FARI; Jean CARAYON; DÉJEAN; PRUNET; DELPEYROU; Guillaume FOULI; COMP-TE; BARDON; BACHÉ; PAGÈS *fils aîné*; DUPUY; GRIEUMARD; MOULI; JOUAI; CASTEL; GILBERT; FOURNIÉ, *cadet*; FAVENC, *aîné*; DELAPORTE, *aîné*; SOULLE; BONNET, *avocat au parlement et les plus ancien au siège, MM. les officiers absents*; J.-L. MALET, *greffier d'office.*

# PUYLAROQUE

*Arr.* Montauban. — *Cant.* Montpezat-de-Quercy.

*El.* Montauban. Trois paroisses : Saint-Jacques, 1,222 h.; Saint-Jean-Baptiste de Mazerac, 816 h. = 2,038 h. (en 1787), non compris Saint-Hugues.

*Imp. pour 1779* (calculées sur 39 feux 89 belugues 3/4) : taille, 17,796 l. 5 s.; charges locales ordinaires, 1,689 l. 11 s, 3 d.; charges locales extraordinaires, 1,525 l. 6 s. 3 d.; trop allivré, 654 l. 18 s.; chemins, 1,560 l. 1 s.; vingtième rural, 6,595 l.;

vingtième noble, 521 l. ; Capitation roturière, 4,255 l. 10 s. ; don gratuit, 880 l. ; milices, 156 l. 5 s.

*Députés :* Pierre Labarthe-Pradal, avocat en parlement, juge de Puylaroque ; Louis Tressens, avocat en parlement, 1ᵉʳ consul ; Jean-Louis Delort, notaire royal ; Jean-Louis Lacassagne, docteur en médecine.

Procès-verbal de l'assemblée : 5 mars.

### Extrait du cahier des doléances et remontrances[1].

ARTICLE PREMIER. — Cette province gémit sous le poids des impôts ; il est reconnu et consigné dans un état des finances du royaume que *les tailles sont fortes dans la généralité de Montauban*. Le Quercy en est plus chargé que le Rouergue. Cependant notre sol et la récolte en blé et en vin qu'il produit sont exposés à mille accidents que le Rouergue ne craint pas, vu ses pâturages et ses bestiaux ; et il nous faut plus de bras. Mais c'est principalement sur cette communauté que pèsent les impôts ; elle est respectivement surchargée ; aussi n'avons nous cessé de réclamer un adoucissement, et d'être mis au niveau des autres communautés. La création d'une assemblée provinciale nous fit d'abord espérer le changement du tarif général, mais la marche qu'elle a adoptée est trop lente et trop dispendieuse. En arpentant et estimant tous les fonds sans exception, il faut des siècles pour trouver l'égalité qu'on cherche, et un accident survenu à une communauté, dans l'intervalle, dérange toute l'opération. Cependant les communautés lésées sont exposées à de grandes avances, et privées, en attendant, de la plus grande partie des fonds destinés à leur soulagement : il eût été plus simple et aussi sûr de faire comparer les communautés qui prétendaient être trop allivrées avec les communautés voisines. Si des experts non suspects rapportaient qu'un arpent de terre, pris au hasard dans notre communauté, payait le double de ce que payait un arpent du même produit et valeur dans une communauté voisine, si cette opération avait été répétée sur dix articles de chaque nature de sol, de chaque degré, et que

---

1. Original aux arch. comm. de Puylaroque, reg. des délib. de 1784 à 1792, *in fine*.

le résultat fut le même, il serait impossible de ne pas convenir que nous sommes doublement allivrés que cette communauté voisine. Qu'on fasse la même comparaison avec les onze communautés qui nous environnent; qu'on passe, si l'on veut, au second cercle ou ceinture. S'il se trouve que nos impositions, comparées à celles de ces communautés, sont comme deux à un, trois à un, et rarement comme trois à deux, dès lors il est évident que nous sommes respectivement surchargés, que nous sommes lésés. Quinze jours suffisent pour comparer une communauté à dix autres, quelque étendue qu'elles aient, et, dans dix ans, les experts géomètres employés termineront à peine leurs opérations sur une grande communauté : nous en avons l'exemple de Montpezat. De pareilles opérations se multiplieront moins qu'on ne le pense Dès qu'on assujettira les communautés plaignantes à faire les frais de ses comparaisons, les seules communautés lésées .en feront avec plaisir l'avance, parce qu'elles verront le prix très prochain de leur sacrifice; dès lors l'impôt du trop allivré leur sera appliqué irrévocablement dans la même proportion, l'égalité viendra d'elle-même.

ART. 2. — Les tailles et le vingtième ne frappent que sur les biens roturiers, distraction faite des semences et frais de culture et perception; la dîme emporte dans cette communauté le quart du produit des biens, les trois quarts restant portent toutes les charges de l'Etat et des cens considérables ; ne serait-il pas juste que les sujets privilégiés contribuassent aux charges de l'Etat relativement au produit de leurs possessions et dans la même proportion que les biens des suppliants ?

ART. 3. — Lors de la répartition de la capitation sur les communautés, le chemin de la Haute-Auvergne au Bas-Languedoc donnait de l'activité aux habitants de cette ville, et procurait de l'aisance; notre cotisation fut relative à notre état. Mais l'ouverture de la route de Caussade à Caylus et dans le Rouergue a étouffé tout commerce et toute industrie, et notre cotisation est restée la même avec les augmentations progressives, de manière que nous payons au-delà de 10 livres par feu, dans un pays où le tiers des habitants est sans aucun bien, ni propriété, ni art, l'autre tiers possède peu, et le dernier tiers est sans aisance et ne peut fournir aux besoins des deux premiers tiers, qui mendient annuellement leur pain.

ART. 4. — Toutes les communautés, et celle-ci en particulier, ont témoigné leur éloignement pour les moindittes pour raison de la collecte, et leur douleur qu'elles soient autorisées par le règlement. Un collecteur de confiance n'inspire aucune alarme; quand il serait pauvre, sa probité et son honnêteté reconnues rassurent; mais on n'est pas également tranquille sur le compte du collecteur moindisant, et, fût-il riche et bien cautionné, les officiers municipaux, les haut taxés, en cas de divertissement, sont exposés à payer pour lui avec contrainte par corps, et, pour parvenir à leur remboursement, obligés à des discussions et aux horreurs des saisies réelles.

ART. 5. — Il règne dans cette communauté une variété frappante dans la prestation des dîmes. Les biens ayant appartenu à des personnes nobles paient à la cote de un pour dix, les autres biens à la cote de un pour onze, avec un droit de prémisse, qui porte notre prestation à raison de deux sur dix-neuf, et dans d'autres cantons à raison de un pour neuf Cette différence annonce l'usurpation faite par les décimateurs, qui n'ont éprouvé de la résistance que de la part des gens puissants. Nous supplions le roi de faire cesser cette diversité, et de rendre notre cote fixe et uniforme C'est surtout dans une année aussi malheureuse que celle-ci que nous sentons la nécessité de faire revivre les anciennes lois et les anciens canons, qui adjugent aux pauvres le quart des fruits décimaux, et de remettre en vigueur l'article 23 de l'édit de 1695[1].

ART. 6. — L'impôt destiné à l'entretien des lignes de postes et grandes routes frappe autant sur les communautés éloignées de ces routes que sur celles qui en profitent plus spécialement. Nous ne nous refusons point à une contribution, mais il nous paraît juste que cette contribution soit en raison de l'utilité particulière qu'en retire chaque communauté, ou que toutes les communautés contribuent dans une proportion relative à l'entretien des chemins vicinaux

---

1. Édit portant règlement pour la juridiction ecclésiastique (avril 1695). L'art. 23 prescrit la résidence des bénéficiers au siège de leur bénéfice.

Art. 7. — C'est surtout dans un pays surchargé et pauvre, où les saisies sont multiples, qu'on sent l'inconvénient des séquestrations[1]. Le laboureur craint peut-être moins son propre créancier que celui de son voisin. La charge de séquestre est pour lui un fléau si redoutable que la grêle. Si le séquestre perçoit, non seulement il abandonne sa propre récolte, mais il est exposé aux mutineries du débiteur saisi; il faut porter plainte, exposer des frais et toujours perdre; s'il ne perçoit pas, il devient le débiteur du saisissant et contraignable par corps. Chaque saisie entraîne un procès, vente judiciaire, taxe de peine et soins; le débiteur est dépouillé, et rarement le produit des fruits équivaut à l'état des frais; tout est perdu par le débiteur sans que le créancier y gagne. Une loi qui abolirait le titre de séquestre et assujettirait le débiteur à la contrainte par corps après un délai, serait reçue avec des transports de joie dans nos campagnes et attirerait au roi les bénédictions de leurs habitants

Art. 8. — Les seigneurs sont présumés avoir possédé tous les fonds sujets aux cens; il ne nous appartient pas de combattre cette présomption. Lors du bail à cens, ils ont donc pu mettre telle condition qu'ils ont jugée à propos. Il existe ici un droit de forge; ce droit est au moins légitimé par la possession. Tous les particuliers sont tenus de payer au préposé du seigneur une demi-quarte de blé par paire labourante, et ce préposé doit aiguiser les outils aratoires Ce droit est onéreux, contraire à la liberté et gêne la confiance. Il est arrivé trop souvent que le préposé a brûlé le soc qu'il aiguisait, parce qu'il ne l'avait pas forgé; il devenait par là le maître du prix de son travail. Trop souvent, des particuliers ont trouvé leur compte de payer le préposé, et faire aiguiser ailleurs leurs outils. Les suppliants désirent que ce droit soit aboli en indemnisant le seigneur.

Art. 9. — La justice est un droit honorifique et non utile au seigneur; il serait digne de la majesté royale que la justice fût rendue au nom du roi dans tous les pays de son obéis-

---

1. Très fréquents étaient les incidents provoqués par les séquestres. Cf. à ce sujet diverses liasses de la série C, notamment C 103 (coups et blessures donnés à ses séquestres, au château de Lespaire |comm. de Montfermier|, par Aymeric de Beaufort, 1697). Cf. aussi MARION, *Les impôts directs sous l'ancien régime*, p. 16-17 et 211.

sance. Le régime féodal n'existe plus; nous contribuons comme les autres sujets aux charges de l'Etat; pourquoi reconnaissons-nous une autre puissance ? L'homme riche s'éloigne de la girouette du seigneur; le bon ordre, la bonne police, la peine due aux délits fuit avec eux. Quelle différence entre une ville qui relève du roi et celle qui relève d'un seigneur ! Plusieurs de nos domaines sont à vendre; un seigneur haut justicier écarte les acquéreurs. De là l'agriculture est languissante, parce que le riche propriétaire capable de faire des avances habite ailleurs. L'impunité attire tous les vices, et la misère qui en est la suite : en créant des justices considérables dans tout le royaume, les crimes trouveraient un vengeur; la justice civile serait même mieux administrée; des procureurs en titre d'office excluraient cette légion de praticiens ignorants qui inondent les campagnes. Dans un pays surtout où les juridictions sont si multipliées qu'il en est qui n'ont que deux feux, plusieurs qui n'en ont pas dix, et qu'il y en a peu qui en aient plus de trente, point de prison, point de greffe, point d'officier résidant; la manière dont la justice est rendue semble l'avilir. Le seigneur ne perdrait rien dès qu'on leur conserverait tous les honneurs et toutes les autres prérogatives attachées à la haute justice; leur conscience serait déchargée de poursuivre la vengeance du crime, et les greffes, les provisions des officiers *grossiraient* les ressources de l'Etat.

ART. 10. — Le reste le plus avilissant de l'ancien servage est sans doute l'assujettissement au franc-fief. Nous n'envions pas un bien qui gêne la liberté naturelle des propriétés, de posséder des cens, mais nous désirons de pouvoir jouir allodiallement nos fonds sans être avilis par une taxe que la manière dont elle est perçue rend encore plus odieuse, surtout dans une province qui fut affranchie à prix d'argent[1]. L'abolition de ce droit excitera notre reconnaissance, et nous payerons sans répugnance le vingtième imposé sur les fiefs, comme les privilégiés.

---

1. Selon toute vraisemblance, il est fait allusion ici au rachat du droit de franc-fief effectué le 30 novembre 1673 pardevant M⁰ˢ Soulié et Moilhon, notaires à Cahors. Cf. le cahier de la communauté de Lauzerte (archives du château du Grès; copie aux Archives départementales), et surtout celui de Puy-l'Evêque (art. 5), publié dans FOURASTIÉ, *Cahier de doléances de la sénéchaussée de Cahors*, p. 268-272.

Art. 11. — Cette généralité est composée de deux provinces, qui, ayant des intérêts différents, ne peuvent avoir le même régime. La séparation de cette province d'avec le Rouergue est devenue d'autant plus nécessaire que des plaintes réciproques, des rivalités ont rompu l'harmonie et la confiance qui devaient les unir. Notre intérêt est d'ailleurs d'avoir des représentants que nous connaissions, et qu'ils le soient par notre suffrage. Nous nous unissons avec plaisir aux autres villes du Quercy pour réclamer de la bonté du roi des états particuliers.

Le roi comptera parmi ses plus beaux jours celui auquel il pourra détruire les gabelles. Sa Majesté a la même impatience que nous d'en voir l'abolition, mais puisque ce sacrifice n'est pas encore possible, nous supplions Sa Majesté de rendre cet impôt moins dur en attribuant aux juridictions ordinaires, à nos juges naturels, la connaissance des affaires domaniales et des gabelles. Que des juges gagés par les intéressés n'alarment plus les suppliants; qu'une compagnie de traitants ne donne plus en sa propre cause des décisions qui font loi, et qui ne sont connues que de ses commis. Qu'une loi claire et précise distingue assez les classes relativement aux droits de contrôle et d'insinuation pour que nous ne soyons plus exposés aux vexations des préposés et à leurs interprétations arbitraires. La marque gêne extrêmement le commerce du cuir, les frais de régie absorbent les deux tiers de cet impôt. La marque de l'or et de l'argent obvie à des abus, mais celle du cuir n'a d'autre effet que de nourrir des hommes inutiles, et qui seraient bien fâchés qu'il ne se commît aucune fraude. Les fabricants de cette province présentèrent des requêtes au conseil, et offrirent de verser dans le Trésor royal le produit net de cet impôt au moyen d'une capitation dont ils auraient eux-mêmes fait la répartition. Cette demande était juste et n'eût pas été rejetée, si elle avait pu parvenir jusqu'au trône.

Que les impôts frappent principalement sur les objets de luxe; que le laboureur, l'artisan, et le pauvre soient épargnés et jouissent à peu de frais des choses de première nécessité. Puisse l'amour du tiers état pour ce roi retirer des Etats généraux l'utilité et la récompense dues à sa fidélité.

Arrêté dans l'hôtel de ville de Puylaroque et en assemblée

générale de la communauté, le 5 mars 1789, en double original.

[Signés :] CAPIN, *maire*; TRESSENS, *premier consul*; LATREILLE; CAUDESAIGUES; PRADAL; LACASSAGNE; ROUBERT, *consul*; GRIMAL; CAPIN; CASTELNAU; LAPORTE; BALDIGUIÉ; BORGOUNIOUX; BALUT; A. TRESSENS; DELORT; RESCOUSSIER; BELON; DELORT; LAPORTE, *cadet*; BESSIÈRE; Jean LACCASSAGNE; RIVIÈRE; Jacques VERGNES; Jean-Joseph PRADAL; BONHOMME; A. LAPORTE; LACASSAGNE; G. MAZEREL; TOULZE-LAROQUE; J. CANIHAC; VALETE; LACAN; ANDRIEU; GINESTE; J. MONTET; RIGAL; Jean VERGNOIS; BOURREL; CASTELNAU; CAPIN *cadet*; RONGIÉ; P. RESCOUSSIER; Jacques BREL; MAFFRE; CAPIN *cadet*; TRESSENS; P. RESCOUSSIÉ; G. PICOU; CAPIN; GINESTE; CANIHAC; COUDERC. CAPIN; BOUTET; GINESTE; CANIHAC; COUDERC.

Ne varietur : LABARTHE-PRADAL, *juge*.

# REALVILLE

*Arr.* Montauban. — *Cant.* Caussade.

*El.* Montauban. Cinq paroisses : Saint-Jean, 1,189 h.; Saint-Martin-d'Antéjac, 304 h.; Saint-Vincent d'Antéjac, 800h.; Sainte-Catherine de Saint-Marcel, 118 h.; Saint-Nazaire, 725 h. Total : 3,136 h. (chiffres de 1787 sauf celui de Sainte-Catherine de Saint-Marcel, qui est de 1,786).

*Imp. pour 1779* (calculées sur 32 feux 45 bélugues 2/4) : taille : 14,478 l. 19 s.; charges locales ordinaires, 1,948 l. 11 s. 7 d.; charges locales extraordinaires, 3,000 l.; trop allivré, 532 l. 15 s.; chemins, 1,269 l.; vingtième rural, 6,225 l.; vingtième noble, 250 l.; capitation roturière, 5,868 l.; don gratuit, 800 l.; milices, 127 l. 2 s.

*Députés* : Antoine-François de Valada, maire ; Pierre Larrieu, notaire royal ; Antoine Régambert, maître chirurgien, 1er consul ; Jean Senilh, négociant.

Procès-verbal de l'assemblée : **7 mars.**


## Cahier des plaintes, doléances et remontrances que fournit la ville et communauté de Réalville[1].


ARTICLE PREMIER. — La présente assemblée pense qu'il serait juste et convenable à ses intérêts d'obtenir la liberté de se rédimer de la rente qui se paye aux gens de mainmorte, en leur payant le prix qui sera fixé par Sa Majesté.

ART. 2. — Que tous les sujets de Sa Majesté soient indistinctement soumis aux mêmes tribunaux, et, pour cet effet, suppression de tout droit de *committimus*.

ART. 3. — Que tous les pertuis situés sur les rivières d'Aveyron et du Tarn soient supprimés, et que les écluses qui leur seraient substituées pour la sûreté et facilité de la navigation soient entretenues aux frais et dépens de qui il appartiendra.

ART. 4. — La grande route de Montauban à Paris ayant été ouverte en 1743, elle traverse la présente communauté dans toute sa largeur à la distance d'une lieue, et emporte partie des meilleurs fonds ; et malgré les plaintes et réclamations que la communauté et beaucoup de particuliers à qui on prit du terrain firent à cet égard pour se faire décharger de l'allivrement et impositions réelles du terrain pris pour la confection de ladite grande route, on n'a jamais pu y parvenir à cause des discussions et débats qui se sont élevés pour la compétence entre la Cour des Aides et le commissaire départi ; sur quoi la présente assemblée détermine que Sa Majesté sera très humblement et respectueusement suppliée de vouloir donner les ordres les plus précis pour opérer la décharge de l'allivrement du terrain emporté.

ART. 5. — L'assemblée, voulant que la dette nationale soit acquittée, et indiquer les moyens les plus justes et les

---

1. Original aux archives comm. de Réalville, reg. des délib. de 1786 à 1791, fol. 64-66.

plus convenables pour y parvenir, vote à ce que tous les biens immeubles sans distinction de propriétaires et usufruitiers, et sans égard aux privilèges attachés aux personnes ou aux biens, soient uniformément assujettis à tous impôts créés ou à créer, la contribution aux charges publiques étant un devoir attaché à la qualité de citoyen, et le prix auquel s'accorde la protection de la force publique.

ART. 6. — Elle se plaint qu'elle succombe sous les frais des impôts, et que le tiers état est dans l'impossibilité d'en supporter l'augmentation, la communauté étant presque privée de toute sorte de commerce, et ayant chaque année la douleur de voir une grande partie de son sol ravagée par les inondations fréquentes du ruisseau de Lère et autres, ce qui réduit un grand nombre de ses habitants dans l'indigence. Elle réclame, comme une chose essentielle au bien de l'agriculture, l'élargissement de ce ruisseau, et l'alignement direct d'un moulin à l'autre, ainsi qu'une modération sur sa cote de capitation, que rendent exorbitante les privilèges des nobles et autres personnes du tiers, ou forains.

ART. 7. — L'assemblée se plaint encore des frais énormes de justice, et de la lenteur avec laquelle elle se rend. Elle désirerait une réformation dans la forme judiciaire, et la composition d'un nouveau code civil et criminel, qui, en la simplifiant, rendît les procès plus courts et moins dispendieux. A ses yeux, il serait bien avantageux pour le bien de l'humanité que, dans cette ville et partout ailleurs, on établît des juges de paix devant lesquels serait obligée de comparaître toute personne qui voudrait intenter un procès, et de leur exposer l'état et moyens de sa cause pour en obtenir, dans bref délai, un jugement amical ou sentence arbitrale qui précèderait toujours l'introduction d'instance. Et encore, pour terminer promptement et sans frais les affaires litigieuses et de peu de conséquence, attribuer aux officiers municipaux et corps de ville la connaissance des causes non excédant 50 livres, et aux officiers de la justice, jusqu'à 500 livres sans appel.

ART. 8. — L'assemblée trouve un grand abus dans le droit qu'ont les seigneurs de se faire reconnaître tous les dix ans; l'exercice qu'ils en font est la source de mille vexations qu'elle éprouve depuis vingt ans par les frais de ces reconnaissances. Elle pense qu'il serait juste de restreindre ce droit à trente années, et de faire prescrire les arrérages des rentes seigneuriales après cinq ans, la perte, facile à faire, des quittances, surtout de la part des gens illettrés, exposant souvent les redevables à payer deux fois, et ainsi que les lods.

ART. 9. — On se plaint depuis longtemps, et avec raison, du tort que fait aux lieux où se trouvent des bénéfices simples la non-résidence de ceux qui les possèdent. Cette communauté en a fait cette année la triste expérience, puisque plusieurs bénéficiers qui sont à sa porte et jouissent entre eux de plus de 20,000 livres de revenu, n'ont accordé aux pauvres que de faibles secours et bien inférieurs à ceux que la nombreuse classe des malheureux en eût retirés si la sensibilité de ces bénéficiers avait pu être émue par la vue des malheurs qu'ont occasionnés et la disette des grains et le froid rigoureux de l'hiver. Les maux qui s'annoncent de loin ne se font sentir que bien faiblement. En vain, MM. les curés ont voulu élever leur énergique voix en faveur des pauvres, leurs réclamations ont été peu fructueuses. De là, quelle douleur, pour tous les cœurs sensibles et justes, de voir des revenus des biens de l'Eglise, patrimoine naturel des pauvres, aller se perdre dans les agréments de la capitale ou d'autres grandes villes, au préjudice des pays qui les produisent, pour ne servir qu'à un vain étalage d'opulence, tandis qu'un grand nombre de pasteurs, laborieusement occupés de l'exercice du saint ministère, non seulement ne peuvent trouver dans la modicité de leurs revenus les moyens de soulager cette portion de leur troupeau qui gémit sous le poids de l'indigence, mais encore manquent eux-mêmes de quoi vivre selon la décence de leur état. Il serait donc à propos qu'une partie considérable des revenus des bénéfices simples fût appliquée, pendant la non-résidence des bénéficiers, aux besoins des pauvres ou au soulagement de la communauté dans laquelle lesdits bénéfices simples sont situés.

ART. 10. — L'assemblée, encore vivement touchée de la surcharge qui accable le royaume en général par les droits exorbitants du contrôle et qui augmentent journellement par les interprétations trop bursales que donnent souvent au tarif les employés dans cette partie des domaines, demande instamment que les droits soient de beaucoup modérés et que cette partie réunie au contrôle sous le nom de droits réservés, et qui pèse si violemment sur les malheureux plaideurs, soit entièrement supprimée ; et, pour rendre cet établissement entièrement utile, faire un nouveau tarif plus simple et moins susceptible d'interprétation.

ART. 11. — Son attention, encore justement dirigée sur les besoins des pauvres ou des malaisés, pense qu'il serait bien à propos qu'il y eût un règlement général prohibant aux collecteurs de faire aucun frais, sauf la saisie, sur les articles au-dessous de 50 livres, qu'après le mois d'août, temps auquel les pauvres ou gens malaisés peuvent seulement payer, les riches portant seuls dans ce cas la peine de leur négligence à acquitter leur cote échue d'impositions.

ART. 12. — L'assemblée, se repliant sur un objet qui lui est particulier, met au rang des plus chers de ses intérêts le rétablissement de la juridiction royale de Réalville qui, par édit du mois de mars 1774, fut supprimée et réunie à celle de Caussade. L'étendue de son ancienne juridiction comprenant six paroisses, et sa nombreuse population composée de six cents feux, suffirait, aujourd'hui plus que jamais, à la réintégration du siège royal que Réalville a vu dans son sein pendant plusieurs siècles, et les abus motivés dans l'édit qui ont déterminé sa suppression auraient pu être corrigés par d'autres moyens plus convenables au bien des justiciables.

ART. 13. — La présente assemblée s'intéresse encore vivement à ce que notre province de Quercy soit rétablie dans la jouissance du droit de franc-alleu qu'elle a conservé jusques à l'ordonnance de 1629. Cette loi, qui ne fut faite que pour l'intérêt de Sa Majesté, a aussi tourné au profit du seigneur haut-justicier, et, par les extensions progressives qu'elle a reçues depuis son enregistrement, a porté de rudes atteintes au droit de propriété. Aussi la confiance sans bornes que met cette assemblée en l'équité et bonté paternelle de notre auguste monarque lui fait espérer un prompt succès de l'humble et respectueuse supplication qu'elle lui fait de rendre à notre province la jouissance de ce précieux droit.

ART. 14. — Un autre objet bien intéressant pour la province fixe l'attention et les vœux de l'assemblée, ainsi qu'il paraît le faire à l'égard de toutes les provinces du royaume : c'est la séparation du Quercy d'avec le Rouergue, opérée par le rétablissement des anciens Etats du Quercy, mais modelés sur la constitution nouvelle que Sa Majesté vient d'accorder à la province de Dauphiné. Une administration composée de députés, choisis librement par une province et occupés d'objets qui leur sont particulièrement connus, paraît à l'assemblée plus propre à remplir les vues de bonheur qu'a Sa Majesté pour tous ses sujets, que toute autre forme d'administration.

ART. 15. — Qu'il plaise à Sa Majesté de supprimer la dîme des menus grains dans toute la province où il n'y a pas de cote fixe établie depuis 1614, vu les procès considérables qu'occasionnent de la part des décimateurs de pareilles demandes.

Fait et arrêté à l'assemblée générale de communauté assemblée extraordinairement, ce jourd'hui 7<sup>e</sup> mars 1789, ainsi qu'il conste par le procès-verbal de ce jourd'hui dressé en conséquence. Et ont signé ceux qui ont su, non les autres pour ne savoir, de ce requis.

[Signés :] LIAUSU, *juge;* PÉCHOLIER, *procureur du roi;* DE VALADA, *maire:* REGAMBERT, *premier consul;* SOULIÉ, *syndic;* LAPIERRE, *syndic;* LARRIEU; ROZIÈRES; G. PELISSIÉ; LAFARGUE; SOULIÉ; L'HÔPITAL *l'aîné;* MOLINIÉ; CALVIGNAC; GRIMAL; PELISSIÉ; NATALIS; LESTRADE; GARDES; RESSÉGUIÉ; SENILH; Abel PELISSIÉ; COSTES; L'HÔPITAL; Pierre SOULIÉ; GARDES; PELISSIÉ; SAHUC; BRUGINES; SOULIÉ; PETIT; QUINTELUS; POUMARÈDE; CRUZEL; SOULIÉ; VINCHE; REY; VEZI *cadet;* MONTET; PELISSIÉ; REY; SEGUY; MONTET *jeune;* MOMÉJA; J. ANDRIEU; GARDES; SALOMON; VIGUIÉ; DELPEYROU; DURADE; SOULIÉ; MOUNIÉ; REGAMBERT; VIDAL; BOYER; H. ROUSSEAU, *secrétaire.*

# SEPTFONDS

*Arr.* Montauban. — *Cant.* Caussade.

*El.* Montauban. Trois paroisses : Saint-Blaise, 631 h. environ ; Notre-Dame de Lalande, 200 h. ; Saint-Cirice et Sainte-Juliette de Saint-Cirq, 752 h. Total : 1,583 h. (en 1787).

*Imp. pour 1779* (calculées sur 22 feux 85 belugues 3/4) : taille, 10,194 l. 11 s. ; charges locales ordinaires, 1,415 l. 10 s. 6 d. : trop allivré, 375 l. 4 s. ; chemins, 893 l. 15 s. ; vingtième rural, 4,756 l. ; vingtième noble, 46 l. ; capitation roturière, 3,249 l. ; don gratuit, 350 l. ; milices, 89 l. 11 s.

*Députés :* Jean-Baptiste-Joseph Vaisse fils, bourgeois ; Charles Lacam, laboureur ; Pierre Caors, bourgeois ; Jacques Martin, bourgeois.

*Procès-verbal de l'assemblée :* 5 mars.


*Cahier des plaintes et doléances de la ville et communauté de Septfonds*[1].

SIRE,

[1°] La ville et communauté de Septfonds, divisée en trois paroisses, Septfonds, Saint-Cirq et Lalande, réclame de Votre Majesté la séparation des états du Quercy d'avec ceux du Rouergue, et que des états particuliers soient formés en la même manière que ceux que Sa Majesté a bien voulu accorder à la province du Dauphiné.

Le motif de cette réclamation paraît d'autant plus juste que la communauté, après avoir essuyé des pertes considérables occasionnées par des grêles, ravines et autres événements funestes, n'a été dédommagée par aucun don ni modération qu'on n'a pas manqué de demander par plusieurs délibérations et requêtes à l'administration provinciale de Haute-Guienne, à Villefranche ; qu'en outre, la communauté impose, depuis quelques années, une modique somme de 50 livres pour fournir à la réparation urgente des fossés de ville, sans que l'administration ait daigné donner la moindre chose pour aider à contribuer aux dites réparations.

---

1. Original aux archives comm., reg. des délib. coté BB 7.

[2°] La somme de 18,370 l. 18 s. 7 d. imposée sur la communauté pour la taille et vingtième, cette somme est exorbitante relativement à ses productions territoriales, ses fonds de terre étant, la majeure partie, des mauvais bois, friches ou terrains incultes, et que les meilleurs fonds sont ravagés par divers ruisseaux qui les traversent; que la capitation et octroi qui se portent à la somme de 3,432 l. 12 s. 6 d. n'est pas moins exorbitante, attendu que sur 2,884 d'allivrement qu'elle comprend, les tenanciers forains en jouissent au-dessus des deux cinquièmes et les plus forts et meilleurs fonds; que d'ailleurs elle ne jouit d'aucun revenu patrimonial. Elle réclame de Votre Majesté une refonte de la capitation.

[3°] De tout temps, la justice, tant civile que criminelle, a été exercée en ladite ville de Septfonds, jusqu'au 20 février de l'année 1773, époque où un criminel, détenu dans les prisons de Caussade par emprunt, faute de prisons à Septfonds, présenta requête au parlement de Toulouse et demanda que la justice, tant civile que criminelle, fut exercée à Caussade, sur laquelle requête intervint un arrêt sur soit montré, qui accorda à Mᵉ Théron, faisant alors les fonctions de juge [du] territoire pour le civil et criminel dans l'auditoire de Caussade, jusques à ce que le roi eût pourvu aux offices vacants du siège de Septfonds[1]. La communauté, voulant jouir de ses droits, se hâta de faire réparer les prisons et hôtel de ville, et, ce, en vertu d'une ordonnance de Mgr l'Intendant. Lesdites réparations furent adjugées sur un devis tracé par un ingénieur nommé par M. le Commissaire desparti, le 3 avril 1781, et lesdites réparations faites furent vérifiées et reçues ainsi qu'il conste d'une ordonnance dudit sʳ commissaire, le 31 décembre 1782. Cet arrêt surpris paraît tomber de lui-même du moment qu'il a été pourvu aux offices vacants. Et néanmoins, Monsieur le juge actuel, exerçant depuis environ dix ans, n'a pas jugé à propos d'exercer la justice dans l'auditoire de Septfonds. Il serait essentiel que la justice s'exerçât à Septfonds, ce qui éviterait de grands frais, les parties ne se déplaçant pas.

---

1. Rédaction boiteuse. L'auteur paraît avoir voulu dire que Mᵉ Théron fut nommé juge provisoire de Septfonds en résidence à Caussade.

[4°] On a vu de tout temps que le tirement du sort se faisait à Septfonds; il n'y a que quelques années qu'on force la jeunesse à se rendre à Caussade.

[5°] Que, conformément à l'article 2 de l'ordonnance de l'exemption du tirement du sort[1], un colon partiaire exploitant un domaine qui paye 120 livres de taille exempte son fils aîné, tandis qu'un bourgeois propriétaire dudit domaine n'exemptera pas son fils. Il paraîtrait juste qu'un bourgeois, un avocat, un négociant, dont les impositions s'élèveraient à 120 livres jouissent des mêmes exemptions.

[6°] Que la justice distributive soit rendue gratis; que le juge y soit souverain jusques à 300 livres, pour éviter divers degrés de juridiction; que les officiers municipaux jugent souverainement jusqu'à la somme de 30 livres.

[7°] Que tous les biens fonds, sans distinction de privilège, d'ordre ni de rang, soient assimilés aux mêmes impositions

[8°] Qu'il soit distrait de la dîme la semence qu'on aura jetée sur le fonds décimé; qu'à l'avenir, on ne percevra d'autre dîme que sur le blé; que le prix des pailles des sols dîmaires soit fixé par les officiers municipaux.

[9°] Que la communauté soit autorisée à jouir de l'exemption du franc alleu, ainsi que la province de Languedoc, parce qu'elle se trouve régie par le droit écrit, qui ne l'admet point.

[10°] Que chaque particulier ait la liberté de se libérer envers le seigneur de sa quote-part de rente sur le taux qui en sera fixé par les Etats généraux. Cette demande paraît d'autant plus juste que, par transaction, il y a un abonnement fait sur le général.

[11°] Que Mgr l'évêque de Cahors, seigneur direct et justicier en paréage avec Sa Majesté et prieur des paroisses de Septfonds et Saint-Cirq, jouissant, suivant les baux à ferme, un revenu fixe de 10,180 livres sans payer la moindre charge, pas même les vicaires desdites paroisses (dont le nombre des communiants s'élève à plus de 500 dans celle de Septfonds, et à plus de 700 dans celle de Saint-Cirq), pour l'honoraire

---

1. L'auteur du cahier a voulu probablement faire allusion à l'ordonnance du 1er décembre 1774, dont le titre V détermine les sujets exempts de la milice. Mais l'art. 2 n'a pas la signification qu'il lui prête.

desquels vicaires la communauté impose, tous les ans, une somme de 500 livres ; que ledit seigneur évêque n'est dans l'usage de donner annuellement aux pauvres desdites paroisses qu'une modique somme de 120 livres qu'il réduit annuellement, et cette année à rien ; que, pour obvier à cet abus et procurer aux paroissiens des diverses paroisses qui composent la communauté, qu'il serait essentiel qu'elles fussent érigées en cures dont les curés seraient pensionnés à 1,500 livres par le décimateur, qui serait tenu de donner en outre une somme de 500 livres à chaque paroisse pour y établir un bureau de charité.

Fait et arrêté en l'assemblée générale du tiers état de la ville et communauté de Septfonds.

> [Signés :] LIAUSU, *juge*; PÉCHOLIER, *procureur du roi*; FAURE, *premier consul*; GALHIARD; DELPECH, *consul*; DOULIAC. *consul*; FAURÉ, *syndic*; CAORS; VAISSE; MARTIN; VAISSE; LACAM; VAISSE; VAISSE; BAUDOU; ANDISSAC; COSTE; GALAN; BORREL; FOISSAC; Jean MOURGUES; SOLOMIAC; J. VALETTE; BIARGUES; BOUISSI; SOLOMIAC; GUIMBAL; DELPECH; MONTAGNÉ; PENCHE; GLEYE; LINGONNENC; BAUDOU; CAORS; BAUDOU; COMBETTES; VOLPICANTE; LAUTIGUE; MONTAGNE; ASTRUC, $s^{to}$ *grefier*; MARTY; CAVAILLÉ; LACASSAGNE; BESSE; MOURGUES; CONSTIBIÈRES; ESCROUSAILLES; BADEL; DELMAS; REBELLAT; BENNEVILLE; PAGÈS; CATUSSE; MASSIP; RATIÉ; DELMAS; REBELLIAT; TOURNIÉ; I. MONTAGNE; SOL; SOL; BÉDÉ; COUDEN; ROQUES.

# II

# Jugerie de Rivière-Verdun

## AUCAMVILLE

*Arr.* Castelsarrasin. — *Cant.* Verdun-sur-Garonne.

*El.* Rivière-Verdun. Une paroisse : Saint-Martin (Mauvers et Boiville annexes), 1,212 h.[1]

*Imp. pour 1776* (calculées sur 13 feux,68 belugues 2/4) : taille, 6,974 ; capitation, 1,896 l. ; vingtième rural, 3,352 l.[2]

*Députés :* Guillaume Couzeran, notaire ; François-Léonard Lasserre.

Procès-verbal de l'assemblée : 7 avril.

*Plaintes et doléances des habitants du tiers-état de la com-munauté d'Aucamville pour être présentées à l'assemblée générale du pays et jugerie de Rivière-Verdun, Gaure, baronnie de Launac et Marestaing*[3].

1º Que les Etats généraux du royaume qui doivent être assemblés à Versailles le 27 de ce mois seront très humblement suppliés de demander à la bonté paternelle de Sa Majesté le rétablissement des états qui, autrefois, administraient le présent pays ; auquel effet, accorder audit pays la liberté de s'assembler par députés, pour proposer à Sa Majesté l'organisation desdits états.

2º Que lesdits états [soient] séparés du reste de la géné-

---

1. GALABERT, *Monographie d'Aucamville,* p. 138 (fin de la note de la page 137).
2. *Ibid.,* p. 140.
3. Original aux arch. de Tarn-et-Garonne, E. Auc. 79. Cf les dossiers 121 et 274. — Ce document nous a été aimablement signalé par M. le chanoine F. Galabert, auquel nous sommes également redevable de divers renseignements sur Aucamville.

ralité d'Auch. [C']est si juste que nous avons fait malheu-
reusement l'expérience que nous sommes surchargés tous les
ans d'une somme d'environ treize mille livres à la décharge
de l'élection d'Armagnac, dont le siège est à Auch, et d'ordonner que cette élection réparera cette injustice en nous
remboursant ce que ont trop exigé.

3" Que les députés aux Etats généraux demanderont très
expressément la suppression de la corvée en nature laquelle
sera convertie, suivant les intentions de Sa Majesté, en une
prestation en argent qui sera perçue et levée sur tous les
biens-fonds, nobles et ruraux.

4" La suppression du tirage du sort pour le service des
troupes provinciales, comme injurieuse *(sic)* au tiers état.

5" Que le tarif du contrôle et insinuation sera refait, mis
dans un ordre plus clair et plus analogue à la fortune des
citoyens.

6" Que les banalités des fours et forges seront supprimées
ainsi que les censives, à la charge de rembourser au seigneur
le capital du revenu desdits droits seigneuriaux.

7" Que la dîme ecclésiastique ne soit perçue que sur les
principaux fruits de cette paroisse, comme blé et seigle.

8" Que les lois canoniques au sujet de l'emploi des revenus
ecclésiastiques seront renouvelées; qu'en conséquence les
décimateurs seront tenus de déposer dans la caisse de la
communauté le tiers de leur revenu pour être employé aux
réparations et reconstructions de l'église et presbytère, et
que les gros décimateurs déposeront entre les mains du tré-
sorier des pauvres le second tiers de leur revenu pour être
employé au soulagement desdits pauvres, les curés devant
être dispensés de cette charge, attendu qu'ils en font eux-
mêmes la distribution avec édification.

9" Que Sa Majesté sera très humblement suppliée d'ordonner (pour alléger les charges du tiers état, que la bonté
paternelle de Sa Majesté nomme ses enfants), que, vacation
advenant des abbayes en commende et prieurés simples, le
revenu desdites abbayes et prieurés sera versé dans la caisse
de la nation pour être employé, par les états respectifs, aux
charges de l'Etat.

10" Que tout privilège exclusif sera supprimé et qu'on
rendra à l'agriculture cet essaim de gardes armés contre le

tiers état ; auquel effet, de renvoyer aux frontières le payement des douanes et autres droits régaliens.

11° Que le code criminel sera changé, afin de rendre aux
accusés la liberté de récuser les témoins, s'il y a lieu, et de
se défendre après avoir eu connaissance de la procédure, dès
qu'ils auront subi l'interrogatoire.

12° Que le roi sera très humblement supplié de supprimer
toutes les impositions existantes et notamment l'impôt connu
sous le nom d'abonnement des droits réservés, et qu'à la
place desdites impositions, il sera établi un tribut unique, qui
sera réparti et levé sur tous les possédant-fonds dans les
communautés, tant ruraux que nobles ; duquel impôt, néanmoins, il sera distrait le vingtième, qui sera rejeté sur les
cabaux, meubles lucratifs, deniers à rentes et autres capitalistes, soit que•lesdits cabaux, deniers à rentes et capitaux
appartiennent aux ecclésiastiques, gentilshommes ou aux
personnes du tiers état, tant habitants que biens-tenants
forains.

Fait et arrêté dans l'assemblée des habitants d'Aucamville, ce jourd'hui 7ᵉ avril 1789.

> [*Signés :*] CAPMARTIN-CORNAC, *juge* ; COUZERAN, *dé-
> puté* ; ROMÊGUIERE ; LASSERRE, *député* ;
> PARAGE ; COUZERAN ; DURAND ; BAGUE ;
> VIDAL ; SICARD ; GARRE ; DÉJEAN ; SA-
> LUT ; DUFAU ; SANGANSAN ; GARRE ; LIM-
> BERT ; CABARROT ; FABOT ; MANIÉ ; BOU-
> PILHÈRE ; SANGANSAN ; MOREAU ; DOR-
> LIAC ; AYGOBEN ; JAMMES DUSAU ; DU-
> FAU ; SANGANSAN ; DURAN.


# BEAUPUY[1]


*Arr.* Castelsarrasin.     *Cant.* Verdun-sur-Garonne.
*El.* Rivière-Verdun, 478 h.[2] (an II).


1. Dit Beaupuy-Grenier, *alias* Belpech.
2. D'après un état dressé le 5 ventose an II. (Arch. de T.-et-G., L. 284.)

*Imp. pour 1789* (calculées sur 4 feux, 6 belugues 2/4) : capitation[1] (arch. de la Haute-Garonne, C 640), 1,097 l. 15 s.

*Députés :* Lemaistre ; Fauré.

Le procès-verbal de l'assemblée n'a pu être retrouvé.


## Remontrances, plaintes et doléances de la communauté de Belpech pour être portées à l'assemblée générale de l'élection de Rivière-Verdun le 16 avril 1789, devant Monsieur le Marquis de Chalret[2].


1° Ladite communauté demande que les assemblées provinciales soient changées en états provinciaux composés de trois ordres et que le tiers état y soit en nombre égal aux deux premiers ordres réunis, et qu'aucun membre des trois ordres ne puisse y être admis que par voie élective.

2° Le retour périodique des Etats généraux tous les cinq ans.

3° La suppression des juges bannerets et établissement des juges royaux, par arrondissement, pour juger en première instance, et que leurs jugements soient définitifs jusqu'à une certaine somme fixée par les Etats généraux.

4° La nomination des consuls attribuée aux communautés seules.

5° Que l'imposition de la taille, de ses accessoires et les deux vingtièmes soient réunis à un seul et même impôt qui soit départi indistinctement sur les trois ordres, vu que cette paroisse est beaucoup plus chargée de capitation, eu égard à toutes les autres qui l'avoisinent ; que le reste de toutes les impositions établies ou à établir se fasse, dans chaque paroisse, comme se fait celui de la taille et capitation.

6° Confier aux seuls états provinciaux l'administration, la direction et perception de l'impôt.

7° Que les contraintes pour les paiements des impositions ne soient décernées que du 1er septembre jusques au 30 dé-

---

1. C'est la seule contribution que nous ayons pu retrouver.
2. D'après une copie (certifiée conforme) faite, le 14 juillet 1905, par M. Ressiguier, instituteur, secrétaire de la mairie, sur l'original conservé aux archives municipales. Depuis lors, cette pièce a été égarée, il ne nous a pas été possible d'en collationner la copie.

cembre, et après avoir fait avertir tous les contribuables par le baile de la communauté.

8° Que les communautés soient autorisées à se nommer des commissaires, tous les ans, pour clôturer les comptes, comme était ci-devant, avant que ça *(sic)* ne fut attribué à la Cour des aides.

9° La remise de la moitié des impositions de cette année, comme étant dans l'impossibilité de les payer, vu la mauvaise récolte de l'année dernière, la mauvaise apparence de celle de cette année, la calamité des terres et la mortalité générale du bétail à laine, ce qui plonge la communauté dans la plus grande misère.

10° Assujettir tous les ecclésiastiques, indistinctement à la capitation dans leurs paroisses, ainsi que les nobles.

11° Supprimer la dîme du foin comme étant insolite, puisqu'il est beaucoup de pays où on ne la paie point. Cette dîme est d'autant plus injuste qu'elle enlève une partie de la nourriture au bétail nécessaire à l'*agriculture* des terres.

12° Réduire toute espèce de dîme au douzième.

13° Obliger les gros décimateurs à payer les vicaires de chaque paroisse; supprimer toute espèce de casuel.

14° Laisser à chaque communauté la liberté de faire entretenir les routes en nature ou par une prestation en argent relative à la fortune locale de chaque individu des trois ordres de l'Etat, dont aucun ne sera exempt dans les deux cas

15° Laisser à la disposition des municipalités la police exclusive des dépenses à faire pour la réparation et entretien des vieux chemins, vu la négligence de MM. les trésoriers de France qui les laissent dépérir entièrement; de sorte que cette communauté se trouve dans le cas de ne pouvoir pas, non seulement communiquer avec les paroisses voisines, mais encore de ne pouvoir faire aucun charroi dans l'intérieur de la paroisse, pas même y voyager commodément à cheval.

16° Demander la confection et perfection des grandes routes, et notamment de la route de Cologne, Verdun et Dieupentale qui traverse cette paroisse, qui, n'étant ouverte en plusieurs endroits, cause depuis six ans des pertes très considérables aux propriétaires qui y aboutissent, attendu qu'en ouvrant ladite route on a comblé tous les fossés qui la traversent, sans faire aucun aqueduc ni fossé le long de la route, de sorte que les eaux se trouvent arrêtées et noient toutes les récoltes, et, aux endroits où les terrassées ne sont point faites, emportent les guérets; joint à cela les voyageurs, qui, ne pouvant pas suivre toujours la grande route, attendu qu'en beaucoup d'endroits elle est impraticable, foulent les récoltes. Voilà la cruelle position des riverains de cette route depuis six ans. Ils ont fait en vain, chaque année, leurs réclamations, lors de l'établissement des assemblées provinciales. Ils auraient espéré de voir finir les pertes continuelles que l'imperfection de cette route leur occasionne, mais ils n'ont pu trouver plus de patriotisme dans l'assemblée provinciale que dans l'administration précédente, et leurs réclamations ont été aussi infructueuses qu'auparavant. Cette route est, par conséquent, devenue impraticable, soit par le défaut des terrassées qui ne sont point encore faites, ou des fossés ou aqueducs, soit par défaut d'un pont qui est indispensable pour traverser le ruisseau; que le quart des habitants de la paroisse sont, à la moindre inondation, privés d'assister aux offices divins et de tout secours spirituel.

17" Qu'il soit fait un embranchement qui communique du village à la grande route.

18" Que les propriétaires qui ont fourni le sol de la grande route soient déchargés de la taille et autres impositions à raison de la quantité de terrain qui leur a été enlevé.

19" Qu'il soit permis à la communauté de faire venir, des notaires des paroisses voisines, ceux auxquels elle aura le plus de confiance, tant pour la rétention des contrats de mariage que pour les dispositions à cause des morts et autres actes.

20" Qu'il soit fait un tarif pour l'honoraire des notaires, et ordonner que, désormais, ils seront gradués.

21" Que le tarif du contrôle soit refait de manière qu'il ne soit sujet à des interprétations arbitraires.

22" Que les offices de notaire soient incompatibles avec toute commission au contrôle et autres parties du domaine.

23" Que les municipalités soient autorisées à employer une somme déterminée, qui, par toutes les formalités qu'il faut pratiquer, sont si retardées qu'elles deviennent beaucoup plus dispendieuses que si elles étaient faites dans le moment.

24° Supprimer la dîme du foin et celle de toute epèce de menus grains comme étant insolite, puisqu'il est beaucoup de pays où on ne la paie point. Cette dîme est d'autant plus injuste qu'elle enlève une partie de la nourriture du bétail nécessaire à la culture des terres[1].

> [Signés :] JOUGLARD, *président;* LAGRANGE, *consul;* LEMAISTRE, *député acceptant;* FAURÉ, *député acceptant;* GAUSSAIL; DUMAY-NE; CLAVET; CAPMARTIN; CAYROU; DU-PIN; TRINQUECOSTES; CLAVET; CAY-ROU; RIVIÈRE; GAILLARD; GRABIÉ; DAUBES; DUPIN; DUPON; SALUT; BOU-ZAC; AUBILA; LAURANS.

## BOURRET

*Arr.* Castelsarrasin. — *Cant.* Verdun-sur-Garonne.

*El.* Rivière-Verdun. 1,500 h. environ (en 1789).

*Imp. pour* 1789[2] : taille et accessoires 7,766 l. 19 s. ; charges locales, 1,171 l. 3 s. 11 d. ; douzième sur l'industrie[3], 238 l. La capitation de 1770, qui imposa 348 personnes, produisit 2,949 l.

*Députés :* Jean-Pierre Grabié, avocat en Parlement et notaire ; Jean-Baptiste Dussaut, avocat en Parlement ; Hugues Lafitte, négociant ; Jean Séguéla, négociant[4].

Procès-verbal de l'assemblée : 5 avril.

1. Cf. l'art. 11.

2. D'après une délibération de 1789 (cahier coté E *communes* 2). — Un état établi le 20 octobre 1790 porte : taille et accessoires, 7,125 l. 8 s. 3 d. : capitation, 3,373 l. 18 s. ; vingtième rural, 4,119 l. 14 s 5 d., pour une population de 292 *citoyens actifs.* (Arch. de T.-et-G., I. 35.

3. Il s'agit de la part de taille imposée sur le compoix cabaliste. La taille de la communauté se trouvant réduite à 2,838 l. grâce aux 6,000 l. que rapportaient les biens communaux, le douzième d'industrie s'élevait donc à 2,838 : 12 = 238 l. environ.

4. Ces députés, nommés une première fois le 15 mars, furent, par erreur, convoqués à Toulouse pour le 26 mars : c'est ce qu'atteste une pétition des intéressés en remboursement des frais de séjour et de voyage à Toulouse. Leur mandat ayant été confirmé le 5 avril, ils siégèrent à l'assemblée préliminaire de bailliage (Verdun-sur-Garonne) du 16 au 26 avril. Par ordonnance du juge de Verdun, il fut alloué à chaque député 6 l. par jour durant la session, et 9 l. par jour pour le voyage. aller et retour. Cette somme (en tout 312 l.) ne put être payée que sur requête des intéressés au directoire de la Haute-Garonne, lequel réduisit cette somme à 256 l. (délib. du 11 février 1791). Arch. de Bourret, liasse 45 (déposée aux archives de Tarn-et-Garonne).

### *Cayer des doléances de la communauté de Bourret*[1].

La communauté de Bourret, appelée à concourir par ses doléances à la réformation des abus et à l'amélioration du royaume, a délibéré, après les plus mûres réflexions, qu'elle croit, pour son avantage particulier, pour le bonheur de l'Etat et pour la gloire du plus grand et du meilleur des rois :

1" Que tous les impôts personnels ou réels, les gabelles, et généralement tous les subsides actuels, sans exception, soient abolis, parce qu'ils sont tous, ou durs dans leurs principes, ou abusifs dans leur forme, ou tyranniques dans leur perception.

2" Qu'au cas où Sa Majesté, d'accord avec les Etats généraux, juge de maintenir les douanes, l'impôt ne soit perçu qu'aux frontières du royaume.

3" Qu'il soit établi un impôt en argent sur tous les biensfonds et terres du royaume, sans exception, réparti avec une exacte proportion, à l'instar de la taille réelle, en divisant les terres en trois classes et dont le payement soit fait pour chaque année en deux termes égaux, le premier au mois de septembre et le second au mois de novembre suivant.

4" Qu'au cas où Sa Majesté juge nécessaire d'assujettir son peuple à quelque impôt personnel, la taxe en soit modérément et invariablement fixée par les Etats généraux, en observant à peu près la règle établie pour le contrôle des testaments quant à la distinction des classes, et que le paiement de cet impôt soit fait aux mêmes époques que celui de l'impôt sur les terres.

5" Que pour établir une proportion juste et nécessaire entre le produit net des terres et le produit de l'argent placé, le taux actuel de l'intérêt soit diminué, surtout jusqu'à ce que les dettes de l'Etat seront éteintes.

6" Qu'il soit établi dans chaque communauté un prix annuel et perpétuel pour l'encouragement à l'agriculture.

7" Que toutes les dîmes ecclésiastiques et inféodées abusivement introduites dans le royaume et dont le poids est ac-

---

1. Original aux archives de Bourret, cahier de 3 feuillets, coté Bourret 45 (pièce déposée aux archives de Tarn-et-Garonne).

cablant, soient abolies ainsi que tous les droits perçus par les prêtres pour l'administration de leurs fonctions, soit à titre d'honoraire, soit à titre d'oblation, ou à tout autre titre.

8° Que l'arrondissement des évêchés soit rendu égal, en tant que faire se pourra, et qu'en remplacement des dîmes, il soit assigné à chaque archevêque, à chaque évêque, à chaque chapitre cathédral, à chaque curé, pour lui et ses vicaires, un honoraire, qui, joint aux revenus des biens-fonds et rentes qui dépendent des archevêchés, évêchés, chapitres et curés, soit suffisant pour leur entretien, relativement à leurs divers rangs et à la dignité de leurs fonctions, payable, savoir celui des archevêques, évêques et chapitres par toutes les paroisses dépendantes de chaque évêché, et celui des curés et vicaires par chaque paroisse, d'après une répartition exactement faite, au marc la livre de l'impôt sur les terres.

9° Que toutes les abbayes commendataires et tous les chapitres de chaque diocèse, autres que le cathédral, soient supprimés, sauf à indemniser les abbés et les bénéficiers par des pensions viagères, et que les biens-fonds, rentes et seigneuries dépendant de ces abbayes et de ces chapitres servent à acquitter l'indemnité due aux possesseurs des dîmes inféodées et à l'ordre de Malte, à raison de la suppression des dîmes.

10° Qu'au cas [où] la suppression totale des dîmes ne soit point ordonnée, on abolisse au moins la dîme mixte, ç'est-à-dire du foin, du millet, des légumes, etc., dîmes révoltantes, dont la communauté de Bourret est surchargée. Qu'il ne soit, en conséquence, perçu dans le royaume d'autre dîme que celle des gros fruits et que la cote en soit fixée au quinzième dans toutes les paroisses où elle est au-dessous, étant juste d'alléger le fardeau des propriétaires qui sont obligés de supporter les entiers frais de culture et les entières charges des biens, indépendamment de la perte des pailles.

11° Qu'au cas de simple réduction de la dîme, les archevêques, évêques, chapitres non supprimés et corps religieux riches, même en cas de suppression de la dîme, les corps religieux riches en biens-fonds et en rentes, soient obligés de venir d'une manière particulière au secours de l'Etat, jusqu'à ce que ses dettes soient acquittées, en versant au trésor royal, outre l'impôt sur les terres, la douzième partie de leurs revenus dont ils fourniront une déclaration détaillée avec exactitude, ou dont il sera fait une appréciation rigoureuse[1].

12° Que tous les corps religieux mendiants soient supprimés, ou nourris et entretenus aux dépens des corps religieux riches.

13° Que tous les droits seigneuriaux qui blessent la liberté naturelle du vassal, sans aucune redevance réelle de sa part, soient abolis sans indemnité pour les seigneurs.

14° Qu'il soit libre à toutes les communautés de se rédimer en tout temps des redevances et prestations seigneuriales quelconques, en tout ou partie, et principalement de la banalité, en payant aux seigneurs une indemnité en capital, relativement à l'intérêt au denier de l'ordonnance, proportionnée au produit de ces redevances ou prestations, années communes, en supportant les dix années antérieures à la libération; et une indemnité aussi en capital proportionnée à la valeur de la cote du champart seigneurial ou foncier, relativement à la valeur réelle des fonds assujettis à ce droit à l'époque de la libération, et qu'ainsi les seuls droits honorifiques soient irrévocablement conservés aux seigneurs, à l'exception de ceux qui blessent la liberté du vassal et de la Justice, qui ne doit appartenir qu'au roi dans tout le royaume.

15° Que le ressort des juridictions soit borné et les juges rapprochés de leurs justiciables, avec tous les ménagements dus aux cours souveraines.

16° Qu'à l'avenir, et lorsque l'Etat sera libéré de ses dettes, la vénalité et l'hérédité des offices de judicature soient supprimées et le prix des offices remboursés aux titulaires, en cas de démission, et en cas de mort à leurs héritiers, sur le pied de l'achat. Qu'alors la justice soit rendue gratuitement, les juges élus par les justiciables, pourvus sans frais par Sa Majesté et pensionnés par l'Etat, ainsi que les titulaires qui se trouveront alors pourvus par achat, étant juste

1. Voici quelques spécimens de revenus ecclésiastiques à la fin du XVIII° siècle. Chapitre de Saint-Antonin, revenus évalués le 18 mai 1790 : recettes, 37,687 l. ; dépenses, 14,000 l. (arch. de T.-et-G., G. 1,039). — Chapitre abbatial de Moissac (année 1780) : recettes, 83,158 l. 16 s. ; dépenses, 82,891 l. (G. 603). — Abbaye de Belleperche (année 1789) : recettes, 34,741 l. 15 s. 11 d. ; dépenses, 12,793 l. 3 s. 1 d. (Arch. de la Société Archéologique de Tarn-et-Garonne.)

qu'ils soient maintenus dans leurs fonctions jusqu'à leur mort.

17° Qu'il soit procédé à l'abbréviation et la simplification des formes de la procédure civile et criminelle,à la réformation de nos lois et à leur réunion en un seul code, s'il se peut, uniforme pour tout le royaume.

18° Qu'il soit établi dans chaque province des états conformes à ceux du Dauphiné, sauf les modifications que Sa Majesté et les Etats généraux jugeront convenable d'y apporter.

19° Qu'il soit établi à Paris un conseil national permanent, composé de quatre ou six députés par province, librement élus par les états provinciaux et changés de trois ans en trois ans.

20° Qu'il ne soit fait aucune augmentation d'impôt excédant trente millions, ni aucune loi constitutionnelle, que du consentement des Etats généraux.

21° Qu'il ne soit fait aucune augmentation d'impôt au-dessous de trente millions, ni aucun emprunt que du consentement du Conseil National.

22° Qu'il ne soit entrepris aucune guerre offensive ou défensive, ni conclu aucun traité de paix ou d'alliance, qu'après avoir pris l'avis du Conseil National[1].

23° Qu'enfin, Sa Majesté soit très humblement et très respectueusement suppliée de n'accorder des pensions que pour grandes causes et après avoir pris l'avis du Conseil National, et de faire, dans Sa Cour, toutes les réformes qui seront possibles sans porter atteinte à la dignité et à la splendeur du trône.

Telles sont les doléances, tels sont les vœux de la communauté de Bourret, prête à faire tous les sacrifices qui lui seront demandés pour le bien de l'Etat.

> [Signés :] DUSSAUT, *avocat, président en l'absence de M. le Juge*[2] *; SAINT-LAURENS, avocat; GRABIÉ, avocat; LAFITTE, syndic;*

---

1. Ce vœu, qui nous paraît condamner toute diplomatie secrète, est singulièrement en avance sur son époque.

2. Cette mention indique que le cahier avait été rédigé antérieurement à la réunion du 5 avril, présidée par l'avocat Grabié.

PÉTIGNOT, *notaire*; SOULIÉ; E. GRABIÉ;
J.-M. SÉGUÉLA *aîné*; COURAU; LA-
MARQUE; DUSSAUT; ROGER; ROGER;
FAUCANIÉ; LAFITTE *aîné*; LABIA; RI-
BES; MORIN; DUSSAUT; PRUNET; DUS-
SAUT-CATUSSOU; POPIS; POPIS; LA-
FITTE.


# ESCAZEAUX


*Arr.* Castelsarrasin. *Cant.* Beaumont-de-Lomagne.

*El.* Lomagne. Une paroisse (Saint-Séverin) et une annexe
(Escudès).

*Imp. pour 1781 :* taille, 2,254 l.; charges locales, 211 l.; total
des impôts en 1789 (d'après le cahier), y compris le vingtième
des biens nobles (394 l.), 4,901 l. 16 s.

*Députés :* Alexandre-Séverin Godin, conseiller du roi, rappor-
teur du point d'honneur au tribunal des maréchaux de France;
Pierre-Marie Dastarac, bourgeois.

*Procès-verbal de l'assemblée :* 29 mars.


### Cahier des doléances, plaintes et remontrances
### pour la communauté d'Escazeaux[1].


[1°] La communauté d'Escazeaux ayant été assemblée
par ordre du roi, vu les motifs de sa bonté qui ont dicté cette
faveur pour ses peuples, ont voté unanimement pour le
remercier de cette grâce.

[2°] Puisque ce roi si chéri nous invite à nous plaindre,
nous dirons que cette communauté se trouve mi-partie terres
très légères en coteaux, que le reste de la communauté est
composée d'une mauvaise boulbène, terre froide, terre glaise
et caillouteuse, hermes, qui glisse (?) beaucoup au plus petit
abat d'eau; que cette communauté se trouve par conséquent

---

1. Original aux archives municipales d'Escazeaux; cahier de 9 pages,
inséré dans le registre des délibérations coté BB 2.

surchargée d'impositions qui se montent à la somme de 4,901 l. 16 s. ; que d'ailleurs dans cette communauté il y a plus d'un tiers de biens nobles qui ne paient qu'un misérable vingtième de 394 l. ; ladite communauté vote en conséquence pour que tous les biens nobles payent au marc la livre comme les biens ruraux.

[3°] Ladite communauté a dit que, depuis environ trente-cinq ans, elle travaille à des routes, soit par corvée ou prestation en argent, que le tout n'a jamais été fait que par le tiers état, par conséquent par la classe la plus misérable, et que jamais elle ne peut profiter d'aucune route pour sortir de chez elle et transporter le peu de denrées qui s'y recueille à la plus prochaine ville qui est Beaumont.

[4°] Que l'excellente (?) route de Beaumont à Grenade aurait dû passer par Escazeaux, et non par Saint-Jean-de-Cauquesac[1] ; que si cette route avait passé par Escazeaux, elle aurait été plus courte d'une heure, et que le caillou aurait été plus à portée, les ponts moins dispendieux, les *briqueries* à portée de ruisseau, ce qui aurait été beaucoup moins coûteux. Par conséquent ladite communauté vote pour qu'on fasse un embranchement d'Escazeaux à Beaumont, étant indispensable, vu que les misérables en ce lieu ne peuvent dans l'hiver y aller chercher leur nourriture, la distance n'étant que d'une lieue.

[5°] La communauté représente que, sachant que la bonté paternelle du roi laisse tous les ans certains fonds dans chaque département pour être distribués aux communautés ou particuliers qui font des pertes, soit par les abats d'eau, grêles, pertes de bestiaux, que ladite communauté ne s'est jamais ressentie en [*sic*] ces effets de bonté que nous aurions bien mérités par les pertes que nous avons faites.

[6°] La communauté réclame encore que les recettes et perceptions des droits du roi sont immenses, et par conséquent diminuent beaucoup les revenus du roi ; que les frais qu'on a faits dans bien des occasions pour la perception des deniers royaux ont été immenses et capables d'écraser les communautés. Par conséquent ladite communauté vote pour

---

1. Saint-Jean-de-Coquessac, autrefois commune, aujourd'hui simple paroisse de Beaumont-de-Lomagne.

que toutes les impositions soient payées par un seul impôt
territorial sur les biens-fonds, qui frappera indistinctement
sur tous les individus quelconques, en ayant toujours égard
à la nature du fonds, parce qu'il est bien certain que le
mauvais fonds ne doit pas être à la même cote que le bon
fonds, parce que personne n'ignore qu'il faut beaucoup plus
de soins, d'avances et de travail pour le mauvais fonds, qu'il
arrive très souvent que toutes ces avances deviennent infructueuses.

[7°] Ladite communauté désire que l'Etat prenne une
consistance ferme et stable pour l'administration de la justice
tant civile que criminelle pour accélérer le jugement, bannir
une troupe de juridictions qui ne font qu'éterniser les plaideurs de tribunal en tribunal et enfin les ruiner; qu'en outre
les frais de procédure, étant si énormes, autorisent beaucoup
les mauvais sujets à faire des vols journaliers dans les communautés, à dégrader les possessions de l'agriculteur, qui
ne peuvent les poursuivre faute de moyens. La communauté
désirerait que les Etats généraux prissent des moyens courts
et simples pour arrêter ces malfaiteurs, qui, dans les campagnes, ravagent les bois, les fruits, les vignes; quelquefois
ils s'en prennent à la gerbe dans les champs et aux fourrages.

[8°] La communauté vote pour que le tiers état puisse posséder toutes charges, soit dans le clergé, la robe et le militaire, toutes fois que son mérite et ses mœurs l'en rendront
digne.

[9°] Suppression de toutes les écoles ou maisons d'éduca-
tion qui sont à la charge de l'Etat, à l'exception que ces
maisons ne soient remplies par égales portions avec la noblesse et le tiers état.

[10°] La communauté réclame que chaque citoyen puisse
tuer le lapin, le levraut qui mange sa récolte, jusques à ses
choux dans son jardin, la chasse étant un droit naturel.

[11°] La communauté vote encore pour que les rentes,
fiefs et agriers des seigneurs soient rachetés au taux que les
Etats généraux fixeront, pour éviter ces reconnaissances qui
ruinent les communautés, qui font une fourmilière de
procès et de contestations, les feudistes tendant toujours à les
augmenter.

[12°] Que la nomination des officiers municipaux soit

faite par les communautés mêmes, et que leur prestation de serment soit sans frais.

[13°] Suppression des inspecteurs et haras royaux, parce qu'ils sont la cause que nous avons perdu l'espèce de chevaux dans ce pays; liberté aux particuliers de tenir des haras.

[14°] Suppression de la milice comme destructrice de l'agriculture.

[15°] Suppression du retrait lignager féodal, censuel, comme gênant la liberté du commerce des fonds de terres.

[16°] La communauté, ayant une certaine quantité de biens communaux soit brandes, hermes, bousigues[1], terres incultes et prés, désire obtenir la permission de les partager entre tous les habitants, manants, domiciliés dudit lieu d'Escazeaux par proportion égale, étant onéreux à la communauté par les dépenses qu'elle est obligée par des impositions annuelles.

[17°] La communauté vote pour la liberté du commerce dans toutes les circonstances.

[18°] La communauté vote encore pour que le prêt à jour soit autorisé.

[19°] Refaire le tarif du contrôle de manière qu'il ne soit plus sujet à des interprétations arbitraires; attribuer aux juges ordinaires le droit de connaître des contestations à ce sujet; supprimer tous les autres droits, les actes recevant assez d'authenticité par le contrôle.

[20°] La communauté vote encore pour que les fruits prenants soient chargés des maisons curiales, églises, ornements; enfin tout ce qui regarde le sacerdoce. Comme il pourrait arriver que les maisons curiales et églises viendraient à dépérir par leur négligence, qu'il y ait dans chaque communauté un syndic dont la communauté sera responsable, entre les mains duquel syndic les fruits prenants seront obligés de donner le quart de leurs revenus pour les réparations et entretiens ci-dessus mentionnés, et faute [de] ce paiement ils seront contraints par une simple saisie de leurs revenus; qu'ils seront obligés de donner tous les ans le quart de leurs revenus aux pauvres de la communauté, et, pour cela, il sera établi un bureau.

---

1. Ces trois termes signifient broussailles, terres en friche.

[21°] Suppression du casuel, la dîme devant servir d'honoraires aux curés pour le service de tous leurs paroissiens.

[22°] La communauté réclame qu'elle paye la dîme du foin, que les communautés voisines n'en paient pas; par conséquent elle vote pour que la dîme du foin, où elle est établie, soit abolie.

[23°] Suppression de la dîme de toute epèce de menus grains.

[24°] Suppression de tous les corps religieux; vote que les Etats généraux leur fixent une pension, leurs biens [étant] vendus pour solder la dette nationale.

[25°] La vente de tous les biens de mainmorte; il serait avantageux pour l'Etat de retirer tous les domaines engagés du roi, en remboursant la finance, et les revendre pour solder la dette nationale.

[26°] Ladite communauté vote pour que les Etats généraux rendent responsables les ministres qui viendraient à dissiper les finances et de toutes les innovations qu'ils pourraient commettre et qui tendraient à léser le citoyen et à atteindre [sic] à la liberté et franchise; et seront alors jugés par les Etats généraux qui s'assembleront à tout le moins chaque cinq ans, et dans le cas de nécessité plus tôt, ou par une cour à qui ils en donneront la compétence[1].

[27°] Les Etats généraux ne consentiront l'impôt qu'après avoir anéanti tous ceux qui ont été créés sans leur consentement, la communauté se référant à tout ce que les Etats généraux ordonneront.

Escazeaux, ce 29ᵉ mars 1789. Et ont signé ceux qui ont su, et non les autres, pour ne savoir, de ce par nous requis.

> [Signé :] DESTARAC; CAMAROC, *consul, approuvant les ratures au nombre de trois;* RAIMONDOU, *idem;* GODIN, *idem;* BACALERIE, *idem;* SAINT-PAUL, *idem;* ALEYRÈS, *idem;* DEMONET, *idem;* SABALAS, *idem.*

> Ne varietur : JOUGLARD, *lieutenant;* BERNÈS, *greffier.*

---

1. Responsabilité ministérielle et haute Cour de justice sont ici nettement envisagées

# SAINT=NICOLAS=DE=LA=GRAVE

*Arr. Castelsarrasin.* — Saint-Nicolas-de-la-Grave est chef-lieu de canton.

*El.* Rivière-Verdun. Une paroisse et deux annexes, les Arennes et le Moutet. (Le chiffre de la population n'a pu être retrouvé.)

*Imp. pour 1773* (calculées sur 15 feux, 47 belugues 2/4) : taille et accessoires, 8,581 l. ; capitation et accessoires, 4,924 l. (Le montant des autres impositions n'a pu être déterminé.)

*Députés :* Capela, lieutenant de juge ; Dufayele ; Lasserre.

Le procès-verbal de l'assemblée n'a pu être retrouvé.

*Cahier des doléances, plaintes et remontrances que la communauté de Saint-Nicolas-de-la-Grave, située au pays et jugerie de Rivière-Verdun, a l'honneur de présenter à l'assemblée des trois états de la sénéchaussée de Toulouse*[1].

La communauté de Saint-Nicolas-de-la-Grave, n'ignorant pas combien sont grandes les sollicitudes paternelles que notre auguste monarque Louis XVI, le plus juste et le meilleur des rois, témoigne depuis longtemps pour opérer un changement dans son royaume et faire succéder des siècles de bonheur aux malheureux siècles qui nous ont précédés ; se représentant ce bon roi, environné de tous les attributs de Sa Majesté, assis au milieu de ses sujets et toujours prêt à favoriser de son suffrage cette portion de l'Etat dont sont tous membres ceux qui composent cette assemblée, la plus mémorable que nous ayons vue de nos jours ; considérant que les beaux jours de la France vont renaître, et qu'après avoir été pendant longtemps la victime d'une foule d'abus, le tiers état peut espérer enfin de les voir cesser ; animée en même temps du zèle le plus adent pour seconder les projets de réforme que Sa Majesté a si solennellement annoncés, et se livrant avec une entière confiance à tous espoirs flatteurs

---

1. Original aux arch. comm. de Saint-Nicolas-de-la-Grave, série AA, cahier de 18 p. On y a joint un brouillon dudit cahier et le mémoire imprimé visé ci-dessous au § 27 ( s. l. n. d., in-8° de 10 p.).

d'un changement avantageux; ladite communauté charge expressément les députés qu'elle va nommer pour assister à l'assemblée des trois états de demander :

1° Qu'aux Etats généraux, tout ce qui sera décidé le soit à la pluralité des suffrages, et que les suffrages soient comptés par têtes et non par ordres; qu'en même temps, les députés, à Versailles, ne puissent contrevenir à l'arrêté qui interviendra à cet égard.

2° Que les Etats généraux soient périodiques et fixés, au moins, à dix ans.

3° Que les impositions foncières, telles que la taille et ses accessoires soient réparties généralement sur toutes les terres, sans distinction des biens nobles ou des biens roturiers; qu'elles soient sensiblement modérées, et que le clergé et la noblesse concourent pour leur quote-part, aussi bien que le tiers état, au paiement de toutes les charges qui sont, ou seront créées dans le royaume.

4° Que la capitation soit abolie, et, dans le cas que cette demande ne puisse être accueillie, qu'un impôt si onéreux, et en même temps humiliant, soit beaucoup modéré; qu'il soit moins arbitraire, et qu'il porte sur une base plus fixe, et qu'alors les nobles et les privilégiés soient tenus d'en payer leur quote-part dans le lieu de leur résidence.

5° Que le vingtième soit fixé à un temps limité; qu'il soit aussi modéré, et qu'il soit réparti indistinctement sur tous les biens, tant nobles que privilégiés, et que chaque redevable soit chargé sur son article au marc la livre de la taille.

6° Saint-Nicolas-de-la-Grave n'étant qu'un bourg, que le vingtième industriel et l'abonnement ou droits réservés, soient abolis, attendu que de tels impôts ne doivent avoir lieu que dans les villes.

7° Que les grosses et les menues dîmes soient abolies, et au cas où il fut jugé impossible d'accéder à cette demande, relativement aux premières, qu'il soit permis, avant de les payer, de distraire les semences et les frais de culture; qu'alors les pailles des blés qui seront portés à la dîme soient réversibles au propriétaire relativement à la portion qu'il aura fournie.

8° En supposant que la grosse dîme ne soit pas abolie, que les décimateurs soient tenus de payer les vicaires des paroisses et d'augmenter leurs honoraires ; que, cela étant ainsi, le casuel soit aboli.

9° Que les biens et droits des mainmortes, en quoi qu'ils consistent ou puissent consister, puissent être vendus et mis dans le commerce, pour le produit en provenant être employé au paiement des dettes de l'Etat, sauf à accorder aux possesseurs dedits biens et droits une pension, leur vie durant, relative à chacun des individus, à moins que les Etats généraux n'accordassent le premier chef de la demande contenue en l'article 7.

10° Qu'au cas [où] l'aliénation des biens de mainmorte ne soit pas ordonnée, le clergé soit tenu de payer ses dettes de son propre fonds.

11° Que cependant les biens des hôpitaux et communautés séculières, telles que les villes, bourgs et villages, soient exceptés de la disposition de l'article précédent, et que les hôpitaux et bureaux des pauvres puissent placer leurs biens sans être sujets à payer le droit d'amortissement.

12° Que dans le cas que la demande formée au premier chef de l'article 7 ne fut pas accueillie, les pauvres des lieux dont le territoire concourt à la dotation des hôpitaux puissent être reçus auxdits hôpitaux, sauf à faire distraction en faveur desdits pauvres de la portion fournie par ledit territoire, si les administrateurs desdits hôpitaux refusent de les recevoir.

13° Qu'il soit formé dans le royaume des états particuliers provinciaux, à l'instar de ceux du Dauphiné.

14° Qu'il ne soit plus question de faire subir le sort pour former les milices.

15° Que les enfants des gens du tiers état puissent espérer d'être admis à participer par leur mérite à la nomination aux bénéfices et charges, tant du clergé que de l'état militaire et de la magistrature.

16° Qu'il ne soit plus question de banalité, droit de prélation, lods et ventes et autres droits seigneuriaux ; qu'en un mot les lois féodales soient abolies, sauf à pouvoir les racheter au denier 25 dans le cas qu'il sera justifié d'une aliénation valable.

17° Que les lois fiscales soient aussi abolies, et qu'il soit trouvé un moyen moins dispendieux pour faire verser dans les coffres du roi le produit des impositions.

18° Qu'il soit établi dans chaque lieu où il y a contrôle une justice royale qui ait l'arrondissement dudit contrôle ; que ce siège soit composé de cinq officiers au moins, dont les droits seront modérés, et qu'ils puissent juger en dernier ressort jusqu'à 500 livres.

19° Que le tarif du contrôle soit moins arbitraire, à l'abri de toute interprétation, et qu'il ait une base fixe ; qu'en même temps il soit libre aux parties de donner aux clauses de leurs actes dans un délai de trois mois des explications ultérieures et définitives par des déclarations signées d'elles, pour la fixation desdits droits de contrôle et insinuation, et que ces déclarations soient contrôlées gratuitement, et que les dix sols pour livre soient abolis.

20° Que les bureaux des foraines ou droits de gabelle soient supprimés, ou du moins que la perception n'en puisse être faite qu'aux frontières du royaume.

21° Qu'au mépris des règlements et des lois romaines, il ne soit pas permis de forcer, par des digues ou des plantations, le cours des rivières navigables, et notamment de la Garonne.

22° Qu'un tel règlement soit applicable à la communauté de Saint-Nicolas-de-la-Grave en particulier, attendu qu'au moyen des entreprises qui se font journellement sur la rive droite dudit fleuve dépendant de la province de Languedoc[1], le territoire de cette communauté est entièrement dégradé et sapé dans la basse plaine.

23° Qu'il soit permis à chacun de planter les accroissements réunis à leurs possessions par alluvion, en se conformant aux lois et aux règlements.

24° Que les routes de traverse soient améliorées pour faciliter la communication de paroisse à paroisse.

25° Que les lettres de cachet et autres ordres attentatoires à la liberté des individus ne puissent être expédiées que sur la réclamation des parents à cet effet assemblés.

26° Que la stabilité des cours de Parlement soit irrévocablement assurée avec tous les pouvoirs et autorités qu'elles avaient avant le 8 mai.

---

1. C'est-à-dire la partie du fleuve qui précède immédiatement le confluent du Tarn. — Cf l'inscription romaine faisant allusion aux détours capricieux de la Garonne, publiée par MOULENQ, *Documents historiques sur le Tarn-et-Garonne*, t. IV, p. 388-9.

27° Que la communauté de Saint-Nicolas soit réintégrée dans le droit qu'elle avait par le passé de s'assembler tous les ans le 1er dimanche de septembre pour nommer huit sujets pour le consulat; que quatre de ces sujets soient élus par Sa Majesté sur la présentation qui lui en sera faite par la communauté, et que le troisième chaperon soit affecté, comme il l'était ci-devant, à un laboureur dans son bien, ainsi que la communauté l'a réclamé devant le tribunal de Sa Majesté, par sa délibération du 14 décembre dernier et le mémoire[1] y joint; que l'attribution des consuls en matière civile et de police soit prorogée jusqu'à trente livres.

28° Qu'il soit libre à chacun de tenir des haras, et que les inspecteurs établis pour cette partie d'administration soient supprimés.

29° Que la marque et droits sur les cuirs soient abolis.

30° Que les biens-fonds qui sont pris pour servir à la contruction ou entretien des routes publiques soient payés relativement à la fixation qui en sera faite par experts.

31° Dans le cas que la demande formée par l'article 16 ne soit pas accueillie, relativement au droit de chasse, que ce droit ne soit pas exclusif, et qu'il soit libre aux gens du tiers état de chasser dans leur propre fonds sans [en] courir des peines humiliantes, et ce en vue de conserver les fruits de la terre, toujours exposés aux ravages du gibier.

Telles sont les plaintes et doléances que la communauté de Saint-Nicolas-de-la-Grave charge les députés qu'elle va nommer de présenter à l'assemblée des trois états de la sénéchaussée de Toulouse.

> [Signés :] CAPELA, *lieutenant de juge, acceptant;* DUFAYELE, *qui, quoique absent de l'assemblée, a été député et qui accepta la députation;* Bernard AYRAL; Joseph LAMALETHIL; LASSERRE, *député;* DESCAZEAUX; TILHAC

[Suivent trente autres signatures.]

Ne varietur : CAPELA, *lieutenant du juge;* ROY, *greffier.*

---

1. Cf. la note de la page 73.

# INDEX ALPHABÉTIQUE

# TABLE DES MATIÈRES